国家出版基金项目

浙江师范大学非洲研究文库
非洲人文经典译丛
总 主 编 洪　明　刘鸿武
副总主编 胡美馨 汪　琳

沿着
第二大街

Down Second Avenue

Ezekiel Mphahlele

［南非］艾捷凯尔·姆赫雷雷 著

印晓红 译

浙江工商大学出版社｜杭州
ZHEJIANG GONGSHANG UNIVERSITY PRESS

图字:11-2017-59号

图书在版编目(CIP)数据

沿着第二大街 / (南非)艾捷凯尔·姆赫雷雷著;印晓红译. —杭州:浙江工商大学出版社, 2019.1

(非洲人文经典译丛 / 洪明, 刘鸿武主编)

书名原文:*Down Second Avenue*

ISBN 978-7-5178-2629-3

Ⅰ.①沿… Ⅱ.①艾… ②印… Ⅲ.①艾捷凯尔·姆赫雷雷—自传 Ⅳ.①K834.785.6

中国版本图书馆 CIP 数据核字(2018)第042943号

Copyright ⓒ 1985 by Es´kia Mphahlele

Copyright licensed by Pan Macmillan South Africa

arranged with Andrew Nurnberg Associates International Limited

沿着第二大街
YANZHE DIER DAJIE
[南非]艾捷凯尔·姆赫雷雷 著
印晓红 译

出 品 人	鲍观明
策划编辑	罗丁瑞
责任编辑	罗丁瑞
封面设计	林朦朦
封面插画	张儒赫　周学敏
责任印制	包建辉
出版发行	浙江工商大学出版社
	(杭州市教工路198号　邮政编码310012)
	(E-mail:zjgsupress@163.com)
	(网址:http://www.zjgsupress.com)
	电话:057188904980,88831806(传真)
排　　版	杭州朝曦图文设计有限公司
印　　刷	杭州五象印务有限公司
开　　本	880mm×1230mm　1/32
印　　张	8.75
字　　数	162千
版 印 次	2019年1月第1版　2019年1月第1次印刷
书　　号	ISBN 978-7-5178-2629-3
定　　价	38.00元

"非洲人文经典译丛"
编委会

　　本书的版权购买、翻译出版获浙江师范大学外国语学院学科建设经费、浙江省"2011协同创新中心"非洲研究与中非合作协同创新中心支持。

总　序

　　非洲文学作为世界文学的重要组成部分，既拥有灿烂的口头文明，又不乏杰出的书面文学，是非洲不同群体的集体欲望与自我想象的凝结。非洲是个多民族地区，每个民族都有自己的语言。仅西非的主要语言就多达100多种，各地土语尚未包括在内。其中绝大多数语言没有形成书面形式，非洲口头文学通过民众和职业演唱艺人"格里奥"世代相传，内容包罗万象，涵盖神话传说、寓言童话、民间故事、历史传说等，直到今天依然保持活力。学界一般认为非洲现代文学诞生于19世纪末20世纪初，五六十年代臻于成熟，七八十年代形成百花齐放的局面，迎来了非洲文学繁荣期。这一时期的一大特点是欧洲语言（英语、法语、葡萄牙语等）与非洲本土语言（阿拉伯语、斯瓦希里语、豪萨语、阿非利卡语、奔巴语、修纳语、默里纳语、克里奥尔语等）文学并存，有的作家同时用两种语言写作。用欧洲语言写作是为了让世界听到非洲的声音，用本土语言写作是为了继承和发扬非洲本土文化。无论使用何种语言创作，非洲的知识分子奋笔疾书，向世界读者展现属于非洲人民自己的生活、文化与斗争。研究非洲文学，就是去认识非洲人民的生活历程、生命体验、情感结构，认识西方文化的镜像投射，认识第三世界文学、东方文学等世界经验的个体表述。

20世纪末，世界各地的图书出版业推出各区域、各语种"最伟大的100本书"，如美国现代文库曾推出"20世纪最伟大的100部英语作品"，但是其中仅3部为非裔美国人所创作，且没有一位来自非洲本土。即便是获得20世纪诺贝尔文学奖的非洲作家也榜上无名。在过去百年中，非洲作家用不同的语言，以不同的形式和风格，创作了不同主题的作品。尽管这些作品被翻译成多种语言在世界各国出版，但世界对于非洲文学的独创性及其作品仍是认知寥寥，遑论予其应有的认可。在此背景下，在出生于肯尼亚、现任纽约州立大学宾汉姆顿分校全球文化研究所所长的阿里·马兹瑞（Ali Mazrui）教授的推动下，评选"20世纪非洲百部经典"的计划顺势而出。津巴布韦国际书展与非洲出版网络、泛非书商联盟、泛非作家联盟合作，由来自13个非洲国家的16名文学研究专家组成的评委会从1521部提名作品中精选出"百部"经典，于2002年在加纳公布了最终名单。这可以说是迄今为止最权威的、由非洲人自己评选出来的非洲经典作品名单。

细读这一"百部"名单，我们发现其中译成中文的作品只有20余部，其中6部为诺贝尔文学奖获得者所著，11部在20世纪80年代（含）之前出版。许多在非洲极具影响力的作家不为中国读者所知，其作品没有中文译本，也没有相关研究成果。相对欧美文学、东亚文学，甚至南美文学，非洲文学在我国的译介与传播远远不足。

非洲文学在我国的译介历史可追溯至晚清，但直到20世纪50年代才真正起步。这既有文化方面的原因，也有政治方面的原因。非洲虽然拥有悠久的口头文学历史，但书面文学直到殖民文化普及才得以大量面世。书面文学起步晚，成熟自然也晚，在我国的译介则更晚。中华人民共和国成立以后，非洲国家逐渐摆脱殖民枷锁，中非国家建交与领导人互访等外交往来带动了上世纪五六十年代的非洲文学翻译热潮。当时译入的大部分作品是揭露殖民者罪恶的反殖民小说或者诗歌，这和我国当时的意识形态宣传需求紧密相关。70年代出现了一段沉寂。自80年代起，非洲数位作家获诺贝尔奖、布克奖、龚古尔奖等国际文学奖，此后，非洲英语文学、埃及文学逐渐成为非洲文学译介的重心。进入90年代以来，我国学界开始从真正意义上关注非洲文学的自身表现力，关注非洲作家如何表达非洲人民在文化身份、种族隔离、两性关系、婚姻与家庭等方面的诉求。非洲文学研究渐有增长，但非洲文学译介却始终不温不火，甚至出现近30年间仅有2部非洲法语文学中译本的奇特现象。此外，我国的非洲文学译介所涉及的语种也不均衡。英语、阿拉伯语文学的译介多于法语、葡语文学，受非洲土语人才缺乏的局限，我国鲜有非洲本土语言创作的作品译本。因此，尽管非洲文学进入中国已有数十年，读者对其仍较为陌生，"非洲文学之父"阿契贝在我国的知名度也远不及拉美的马尔克斯、博尔赫斯。

不了解非洲文学，就无法深入理解非洲文化，无法深入开展中非文化交流。2015年初，浙江师范大学外国语学院策划了"20世纪非洲百部经典"译介工程，并计划经由翻译工作，深入解读文本，开辟"非洲文学研究"这一新的学科发展方向。经过认真研讨、论证，学院很快成立了"非洲人文经典译丛学术组"，协同我校非洲研究院，联合国内其他高校与研究机构，组织精干力量，着手设计非洲人文经典作品的译介与研究方案。学院决定首先组织力量围绕"20世纪非洲百部经典"撰写作家作品综述集，同时，邀请国内外学者开办非洲文学研究论坛，引导学术组成员开展非洲经典研读，为译介与研究工作打好基础。

2016年5月，由我院鲍秀文教授、汪琳博士主编的近33万字的《20世纪非洲名家名著导论》出版。这是30余位学者近一年协同攻关的集体智慧结晶，集中介绍了14个非洲国家的30位作家，涉及文学、社会学、人类学、民俗学、哲学等领域。同年5月，学院主办了以"从传统到未来：在文学世界里认识非洲"为主题的

"2016全国非洲文学研究高端论坛"，60余名中外代表参会。在本次会议上，我们成立了"浙江师范大学非洲文学研究中心"——这也是国内高校第一个专门从事非洲文学研究的研究机构。中心成员包括校内外对非洲文学研究有浓厚兴趣且在该领域发表过文章或出版过译作的40余位教师，聘任国内外10位专家为学术顾问，旨在开展走在前沿的非洲文学研究，建设非洲文学译介与研究智库，推进国内非洲文学研究模式创新与学科发展。

与此同时，我们从百部经典名单中剔除已经出版过中译本的、用非洲生僻语言编写的，以及目前很难找到原文本的作品，计划精选40余部作品进行翻译，涉及英语、法语、阿拉伯语、葡萄牙语与斯瓦希里语等多个语种，将翻译任务落实给校内外学者。然而，译介工程一开始就遇到各种意想不到的困难。仅在购买原作版权这一环节中，就遇到各种挑战。我们在联系版权所属的出版社、版权代理或作者本人时，有的无法联系到版权方，有的由于战乱、移居、死后继承等原因导致版权归属不明，还有的作品遭到版权方拒绝或索要高价。挑战迭出，使该译介工程似乎成了"不可能完成的任务"。但我们抱着"20世纪非洲百部经典值得译介给中国读者"的信念，坚持不懈，多方寻找渠道联系版权，向对方表达我们向中国读者介绍非洲文学和文化的真诚愿望。渐渐地，我们闯过一个又一个看似不可能闯过的难关，签下一份又一份版权合同，打赢了版权联系攻坚战。然而当团队成员着手翻译时，着实感受到了第二场攻坚战之艰难。不同于大家相对较为熟悉的欧美文学作品，中国读者对非洲文学迄今仍相当陌生，给翻译工作带来巨大挑战。在正式翻译之前，每位译者都查阅了大量的资料，部分译者还远赴非洲相关国家实地调研。我们充分发挥学校的非洲研究优势，与原著作者所在国家的学者、留学生，或研究该国的非洲问题专家合作，不放过任何一个疑惑。译介团队成员在交流时曾戏称，自己在翻译时几乎可以将作品内容想象成电影情节在脑海里播放。尽管所费心血不知几何，但我们清楚翻译从来都不可能尽善尽美，译文如有差错或不当之处，我们诚挚邀请广大读者匡正，以求真务实，共同进步。

在中非合作越来越紧密的今天，人文领域的相互理解也变得越来越迫切，需要双方学者进行全方位、多角度、深层次的系统研究。我们希望在中国文化走向非洲的过程中，也将非洲经典作品引介给中国读者。丛书的出版得到了浙江师范大学非洲研究院的大力支持，长江学者、院长刘鸿武教授是国内非洲研究领域的领军学者，对本项目的设计、推进提供了十分重要的指导意见，王珩书记也持续关心工作的进展。杭州电子科技大学非洲及非裔文学研究院院长谭惠娟教授在本项目设计之初就给出了宝贵的指导意见。借此机会，我代表学院向他们一并表示衷心的感谢！

"非洲人文经典译丛"的出版是我们在非洲文学文化研究的学术道路上迈出的第一步。随着我们对非洲人文经典作品的译介和研究的深入，今后将会有更多更好的成果与读者见面。谨希望这套丛书能够为中国读者了解非洲文化、促进中非人文交流尽一份绵薄之力。

浙江师范大学外国语学院院长

洪　明

2017年12月于金华

谨将此书献给

我已故的母亲、

我的外婆、

多拉阿姨、

丽贝卡、

……和"逼"我写这本书的珍妮

目 录

目　录

/ 第一章

部　落

我一直不明白为什么我五岁时，父母亲把我和弟弟妹妹送到乡下和祖母一起住，他们则留在比勒陀利亚。那是一九二四年的秋天，父亲给一家户外用品公司送信，母亲则是家庭帮佣。

到莫帕能这个小村庄的最初几周，我记得自己很失落。那里离彼得斯堡七十五英里，村子里有五千人左右。祖母坐在木屋边的一棵小柠檬树下，如命运般举足轻重，如大山般令人生畏，如合欢树般坚毅。

她不怎么会笑，笑的时候会糊里糊涂地把微笑变成邪笑。但她也不是那种会哭的人：她的命令清晰而明确，就像用铁使劲敲打磨盘时发出的声音一样。我不记得她轻声呼唤过我。她有两个女儿，一个和她一模一样，另一个却是软弱无能的乞怜之人。她们很少回家，都在比勒陀利亚工作。不上班的时候，她们得照顾孩子，却都没有真正的丈夫。过去二十多年我再没见过她们或祖母，虽然我知道她们都还活着。

这些年来，在我脑海里清晰呈现的有我的祖母，还有莫帕能如水蛭般盘踞在山脚的那座大山。山里的幽暗，如此浓密黏稠。祖母似乎串通了大山和幽暗来吓唬我们。

父母亲买了两头山羊。我很高兴，动物们好像知道我和弟弟需要它们的陪伴。妹妹却几乎从我的这些记忆中完全被抹去了。即使是现在，我也记不清她那时的模样。

我们每天带那两头山羊出门，喂它们鲜嫩多汁的叶子。它们在我们手中啃叶子，挠得我们痒痒的，很有意思。有时它们对我们手里的食物不屑一顾，转身去吃灌木，那时我们是多么失望啊！

上学第一天并不是特别愉快，因为大部分时间我都不知所措。另外，往返学校得走七英里的路。

学校大厅里，我们一大群学生坐着，前面是满脸倦容的老教师。到现在我都不明白他到底是怎么管理课堂的。他让我们坐在那里，大声背诵乘法口诀表和拼写单词"M-A-T"，每读一个字母，双手拍一下。老师大声领读："F-O-X，佛克斯；B-O-X，博克斯；F-I-X，非奎斯。"我们一边对黑板上单词的外形和神奇的发音惊讶不已，一边大声跟读。

村里有户人家将他们家的山羊和我们家的养在一起。他家儿子和我轮流放羊和上学。一想到学校，我就觉得讨厌，因为一想到它，我就会想起棍棒引起的皮肉之痛。老师们将体罚作为万灵药，广泛用于解决教学和组织性问题。如果在这事上有一丝丝选择的权利，比起上学，我宁可陶醉在阳光下，陶醉在鸟儿的歌声中，陶醉在清凉的溪水中。

是的，我讨厌上学。我对自己发誓，直到生命的尽头我都会讨厌上学。老师的面孔意味着折磨的开始，他们对我们总是棍棒伺候。所以，我宁愿跟祖母和叔父在田野里，花几天时间耕地、锄草、赶鸟或收割。我觉得理智之人根本不会在学校待上一天。事实上，其他孩子上学也是三天打鱼两天晒网，老师们好像也已经习以为常。

"你今天没去上学，艾捷基。从你眼里我可以看出来。"祖母在用草秆做扫帚，一边说一边把目光从手中的活儿移开，直视着我。

"我去了，奶奶。"

"别撒谎！"她心情不好，我嗅到了麻烦的味道。

就在这时，和我们一起住的叔叔进来了。

他说："你没去上学，艾捷基，你最好别否认。"他像一棵蓝桉树般俯视着我。

是的，我没去学校，我一整天都和朋友待在山里。为此，我付出了沉重的代价——挨了一顿鞭子。

年轻的莎拉和我们一起住。她母亲生她时过世了，祖母收养了她。莎拉一直保护着我，经常对我点头微笑，好像在拉拢我一起反抗这种专制暴政。

我们的牲畜大军又多了六头毛驴。和我轮流照看山羊和毛驴的男孩长得很高大，他也很想给人这种感觉，所以他一直坚持让我叫他"大哥"。如果我忘了，他就会推我，捏我，甚至用棍子打我。

"月亮要出来啦。"

"然后呢？"

"你忘了那条河吗？"

"哦，打架！你是说这个。"

"是的。"

情况是这样的：月光下，大家在河边赤手空拳，想打架的人围成一圈，可以挑战任何人。那时大约六对竞争对手在观众围成的圆圈中决一雌雄。月光下，我们在列肖那河的白色沙滩上打成一片。

有时我们会在月夜去抓野兔和岩兔，那真的很有意思。黎明时我们归来，潮湿的双脚沾着露水，胸膛里充盈着早晨的清新。如果有人碰巧被猫头鹰吓到，一群人都会哈哈大笑。

列肖那河是一条有着白色沙滩的大河。据说很久以前有一群星星因为失宠被逐出天堂，在往下掉的过程中变成了沙子，白色的沙子。这些沙子堆积起来，流进了列肖那河。气候干燥时那河是温顺的，但一发洪水就成了一股凶猛的力量。

列肖那河的一边住着基督徒，教徒们分别按照卫理公会、长老会和荷兰归正会分开居住。河的另一边则是不同部落的土人栅栏村落，基督徒把他们称为"异教徒"。

大人们常告诫我们，异教徒中有巫师，所以如果知道那些人去过哪里，我们就绝不会循着他们的足迹走。从他们身旁经过时，我们会屏住呼吸，因为他们在身上抹了巫师的脂油。另外，大人还告诫我们不能在他们的村里游荡，因为他们会鞭打基督徒。但我们经常穿过他们的村庄去寻找走失的山羊或毛驴，他们还在村里的火炉边热情地接待了我们，虽然可能还带点孤高的姿态。我从未告诉祖母，我曾在栅栏村落吃过狒狒肉。

但通常情况下，如果一个基督徒碰巧遇到割礼流派的教徒，就会被他们追赶痛打，他和他的祖宗也会被他们大骂一通。山林中的某些区域被这些流派视为他们的私有财产和圣地。如果外人入侵，他们会因感觉受辱而十分愤怒。他们认为我们没有权利知道他们的宗教秘密。

我记得老莫迪塞在我们村里的火炉边说过："随他们去吧！既然我们不喜欢被人看到赤身裸体，我们又有什么权利窥视他们赤裸的自我！"老塞戈补充说："此外，我们基督徒都有自己的秘密小神灵。谁不是这样呢！"

第二章

列肖那沙滩

村里的火炉边是男性村民见面的地方。他们在这里谈论要事和琐事，女人不得靠近。只有用葫芦瓢送晚饭过来的时候，她们才可以靠近这里。即便如此，一般都是年轻一点的女人送饭过来。如果一个人的妻子病了，又没有女儿做饭，他可以在火炉边和其他人共用晚餐，其他女人会为他生病的妻子做饭。

我们男孩子从草原放牛羊或毛驴回来时，必须捡木头回家，因为晚上挤奶时要生火。我们轮流在清晨和傍晚生火。太懒而不捡木头的家伙是不可以和我们坐一起的。当然，他也不会等着被人赶：和女的待在家里，会让人觉得很没面子。我们在火炉边不知不觉就学到了很多东西，比如历史、传统习俗、行为准则、集体责任和社会生活等。

"当斯威士人与巴佩迪人发生冲突……"

"正如我们在布尔人统治下生活的那样……"

"曼普鲁那叛徒，杀了塞赫赫尼国王……有人说是因为国王太顽固，不肯放弃土地，布尔人就收买了曼普鲁。其实布龙朗的摩洛卡早就卑鄙地用过这种方法……"

"有老师想在学校活剥了你们，你们应该感到自豪啊！这就像使硬皮革柔软、服帖可用一样。他打你们的次数越多，越能显示出对你们学习的期望。记住，他就像你们的父亲……"

老里巴就是这样！他每次说话，我都打心底厌恶他那细小的声音和山羊胡子。此外，他还喜欢把自己的话一再重复，这么做不是为了让我们听到，而是希望听到大家对他自认高明的论断做出附和。我很不喜欢他那种预言家似的神态，却很喜欢村里传的小八卦。他们说他曾经在晚上跳进冰冷的河水，因为他涉嫌窝藏英国人，布尔人突袭了他的村子。据说他整晚都躲在水里，头露在水面上，就像水芦苇一样。一想到他过去是个懦夫，我就很开心。

我到现在依然清楚地记得火炉边人们是怎么讲故事的。除了祖母和大山，令我害怕的还包括有着白色沙滩的列肖那河。

老塞戈很会讲故事，而且多半会添油加醋。"泰马吗?"他说，不时地吸吸鼻烟，"那小子是个傻瓜。"心满意足后，他把鼻烟从手里拿开，继续讲道：

"那是春天。等到万物更新时，你们就懂我的意思了。开始犁地了，那味道使你鼻孔发痒，然后它直接进入你的骨髓，让你变得半死不活。必须跟你们说，泰马是我们中的一员，来自基督教家庭。是的，他父母亲是在教堂结的婚。这小子去了白人的城市，麻烦就来了。他的所作所为让我感谢上帝，感谢上帝让我这一生中从没给白人干过活。

"'你去过城里的教堂吗？'我们问他。

"'任何有关教堂的事，都请别再问我。'泰马说。我们就坐在这儿，坐在同一个火炉边。我当时坐在莫迪塞现在的位置，泰马坐在里巴旁边。

"'你知道的，大爷，'泰马体内仿佛有个异教的魔鬼，他说，'莫鲁提·福斯特来过这里，我记得他说过耶稣为了我们世人死在了十字架上，他是我们的兄弟。我也记得奋兴布道会。'接着泰马转身说：'在城里黑人与白人可不是兄弟。黑人进白人的房子必须走后门。脏活大都是黑人干。受教育不多的白人被要求干这活时，会说我又不是黑人！黑人打扫街道，却不得在路上自由行走；黑人必须为白人建造房屋，自己却不能居住；黑人为白人做饭，却只能吃残羹冷炙。别让任何人愚弄你，说什么黑人与白人是兄弟！'

"他还说了令我们震惊的话：'我不知道为什么耶稣要浪费时间教导人类！'

"我对他说：'你书读得太多，却相信得太少。'

"泰马的想法令我们担忧。他在城里似乎遇到了什么事，一些可怕而神秘的事。他四处游荡，仿佛在等着什么事发生。的确有事发生了。他遇到了莫勒泊村的一个异教徒女孩，之后他们多次见面。但这女孩的兄弟们都监视着他。一个下雨天，他们生气了，因为那天他们发现泰马和那女孩在一起。泰马试着逃跑，但被他们一顿好打。他知道列肖那的河水不久就会上涨，会将他们隔开。但那没什么用。他听到远处传来的悲鸣声，你们都知道的，悲鸣声沿着河水漂浮而来，'满了啦，满了啦'，似乎在警告大家河水满了，河水满了。他跑到河边，他们不再打他。她就在那里等他。她竟然跑得比他快！'让我们在河水涨满前过河。'她说。'不，离开我，我过不了河。我想坐下来。'泰马说。'你可以的，你必须活下去。如果他们在这里找到你，会杀了你的。'她说。泰马接着说：'这不重要。'她回答说：'这很重要。'她的话为他注入了新的力量。她的手环抱着他，当泰马几乎把所有的重量都压在她身上时，他感受到了她的力量。过河时，她不停地说：'来吧，我的爱人！来吧，我的爱人！'悲鸣声席卷了他们，身后的其他人也听到了。

"绕过河湾，他们看到了列肖那河生气的脸庞，河水击打着外滩，成为危险的屏障。大石块翻滚着，好像在进行死亡竞赛，它们一路相互碰撞，发出轰隆声；树来回摆动，好像骑在巨型动物宽阔的后背上。他们两人成功抵达河的另一边，泰马用尽最后一点力气跳上岸，女孩也用力往前跳，但觉得有什么东西钩住了她。泰马后来想，那应该是一段树桩。河水用力拽住她，将她的手从泰马手里拽走。可怕的列肖那河响起长长的悲鸣声，这个异教徒女孩尖叫着被河水卷走了。泰马大喊她的名字，但无济于事。

"我们找到他时，他正趴在一个斜坡上，我们就把他带回了家。之后，他告诉我来龙去脉。有人说他还活着，住在一个挺远的村子里，但我知道他已经精神有点错乱了。这就是泰马和异教徒女孩的故事。"

我的印象里，自己十三岁以前的生活不过是浪费时间，没人帮我把它们塑造成特定的模式。通过梳理这一模式的混乱脉络，我发现有些东西一直困扰着我的判断力：我的祖母；大山；热带的黑夜，有萤火虫徒劳地四处飞散；又长又黑的热带蛇；有一大片树林、牛群和大石块的残忍的列肖那河；暴雨的世界；炙烤着大地的酷热；还有一个女人背着孩子、头顶陶罐的浪漫画卷，映衬着背后的那片幻象。

但也许我生活中一切的一切就跟其他农村男孩一样，我们知道生活只有一个目的，那就是活下去，但庄稼经常会让我们失望。母亲给我们寄了果酱罐头，我们就着它吃玉米粉粥。有时她会给我们寄一些糖配着粥吃。其他时候我们就喝粥，配着烤飞蚁、毛树虫或野菠菜吃。我永远不会忘记，用南瓜和玉米粉熬的粥是多么美味。我们唯一一次尝到茶和面包的味道是圣诞节母亲来看我们的时候。那时村子里很多人来我家，品尝这些难得的好东西。如果抓不到猎物，我们就没有肉吃。只有牲畜死了，我们才有机会吃山羊肉或牛肉。像我们一样，一个人可能有五十头或更多的牲口，但六个月内不会宰杀任何一只。我永远不会忘记吃过的动物尸体，那肉已经发臭了。平时我们的食物是几乎煮干的玉米。

男孩子经常在草原上宰杀别人的牲畜。我们经常去抓离群的猪，然后把抹布塞进它嘴里，不让它发出警报，这样我们就有了美味的火腿吃。我弟弟有个习惯，捉到落单的小鸡会折断它的头和腿，然后把身子放在一块破布里，回家时告诉我们他用弹弓打到了鸟。如果萨拉没救他的话，那弹弓几乎要了他的命，因为祖母差点用它勒死他。

我们在草原上给山羊挤奶，山羊会踢翻奶桶，如果祖母发现奶少了，就一定会揍我们。这时我就把一些奶倒进第二个桶，还往里面撒尿，羊奶因此变酸而增厚。接下来我会撒谎，说有两三头母山羊喂奶的时间太长了，小羊已经长大了。

但会恶作剧的不仅仅只有我们。很多旱地短吻鳄会在山羊的腿边打转，吮吸最后一滴奶。

村里有个人会在大清早跑到牲口棚偷挤牛奶和羊奶，村民们已经厌倦了带他见酋长。他们只是摇摇头，咂咂嘴，不与他多计较。事态之所以变得紧急，是因为有一两个人发现这人不只挤羊奶，还为了自己的性快感骑在牛羊身上。村里人因此驱逐了他。

"滚！"老莫迪塞对他说，"离开这个村子，到遥远的莫赫拉勒斯河那边去。或许把你这身灰尘抖干净了，你就能过上新的生活。

我们不会向酋长报告这事。他不是基督徒，但他也会很生气。你的所作所为，连异教徒都觉得恶心。"

如果被祖母听到我们提起这人的名字，她就会捡起身旁最近的东西朝我们扔过来。

"你这个异教徒！"她咒骂道。

我叔叔个子高大，瘦骨嶙峋，那时大约二十三岁。虽然他有时也会发一点善心，但有时又跟他母亲和姐姐贝雷塔一样冷酷。比如，有一头毛驴很难驯服，一开始我坐到它后背上时很痛苦，看到这情景他却很开心。毛驴为了甩掉我而故意跑进荆棘丛时，他更是尽情地哈哈大笑。他还喜欢派我去玉米地赶狒狒，喜欢看它们向我砸玉米棒子，并以此为乐。

他常说："在路上遇到雌狒狒时，如果你们都直挺挺地站着，互相看着对方，它就会告诉你别挡了它的路。"

"然后呢？"我倒抽一口气。

"然后，可怜的孩子，你会生病，一种以前从未得过的病，瘦得跟鬼一样。我可怜的孩子，你看到的最后一件事就是一只雌狒狒对着你说：'别挡我的路。'如果我是你叔叔，你是我侄子，那时便是你的死期。"

这把我吓得喘不过气来。他的大嘴巴和眉开眼笑告诉我他永远不会来救我。

人们常说，"像异教徒般肮脏"，但没人想过他们可以对付虫子。那些大灰虫身子扁平，背上有细微的纹路。为了袭击我们，它们会在晚上从茅草屋顶下来，砰的一声掉在泥地上。你辗转反侧，挠着自己赤裸的身体，并听到睡在地上的其他人也是如此。他们好像在刮擦陶罐，呻吟着，咕哝着。如果你想抓住这些虫子，只需轻轻一碰，它们就会掉下来。在铺草席和其他床上用品前，我们会在泥地上洒水，但也无济于事。夏天我们会睡在院子里，院子被土墙包围，泥地光滑。但我们不能经常这样做，因为有很多蛇。冬天这些虫子消失了，夏天它们又回来复仇。没人想到有人能够消灭这些虫子。

我们有一套衣服专门在星期天穿。平日里，我们的衣服破旧不堪，满是补丁。母亲是个很好的裁缝，她经常问我们有没有穿她给我们做好后寄来的衣服。她从不知道那些衣服的下场。多年后母亲告诉我们，她发现这些衣服都被放在一个盒子里，因为祖母认为母亲太宠我们了，而祖母希望我们成为坚韧的人。母亲发现这些衣服时，我们早已长大，穿不了了，于是只能送人。破衣服我得连着穿好几个星期，直到它们变成虱子窝。我会坐在草原上扒下这些虱子窝，用指甲把它们碾碎。我放弃了在河里洗衣服的想法。除了偶尔吃多了仙人掌果导致胃部不适外，我不记得自己生过病。吃太多梨导致的便秘，唯一的解决办法就是将尖棍子推进肛门，反复旋转。蓖麻油和其他泻药的通便作用还是个未知数。

第三章

走进贫民窟

大概十二岁时，我发现姆赫雷雷长官统治下的德兰士瓦东北部有一些东西早已悄然成形。在城市的召唤下，有能力的青壮年离开村庄去城里工作。我隐约觉得比勒陀利亚是一个圣地，是众人向往的地方。圣诞节他们回到村里时一身时髦的装扮：喇叭裤、尖头鞋、小帽檐的帽子、遮不住臀部的鱼尾夹克、条纹领带、带铁质旋钮和尖钉的皮带、醒目地垂在裤兜外的色彩缤纷的手帕。他们向我们述说城市生活的魅力：一个月赚三英镑，城里还有电灯、电车、汽车——这些东西我们从未见过，也不抱任何希望可以看到，除非我们长大后也去比勒陀利亚。他们还带了在火车上用了一路的留声机。他们说我们在戈尔茨坦杂货店里看到的东西是给眼界窄小的人准备的，比勒陀利亚商店橱窗里闪闪发亮的东西才是给见过大世面的人准备的。很长一段时间，他们让我们深信留声机里有很小的人在唱歌，可能他们自己也这么觉得吧！圣诞节时，吉米·罗杰斯哀怨的歌声正当其时，从村子各个角落传来。

所有这些背后，也有不那么光鲜的一面。无论去哪里，田野、乡村节庆场所、教堂，还有人们聚集的其他地方，目光所及，大多是中老年妇女和老头。地里的收成也不好，黑人只能在酋长分配的一小块地上耕种，酋长已经不能提供更多的土地。老人们在火炉边不停地抱怨，说大部分的土地被白人拿走了。老莫迪塞吸了吸鼻涕，吐了口痰，好像给这事下了定论："我们的孩子将会走出村子到城里去，酋长无法阻止他们。如果牛太老，不能产奶了，难道我们要为此打它吗？"老人们看起来一脸无助，在火光中纷纷摇头。

非基督徒似乎不愿做什么改变。他们的土地变成了一片片沙地，但他们的年轻人依然在那里生活。"这就是基督徒的麻烦。"他们说，"他们就知道上教堂、唱歌，跑到白人那儿工作。他们的脑子连河马的脑子都不如，都不待在祖先生活过和培育过他们的地方。"

无论对基督徒还是非基督徒而言，酋长都无所不能。非基督徒赞扬他，因为他让他们保留了自己的生活方式；基督徒赞扬他，是因为他建了一所大学校，还让他们有了教堂，尽管他不信基督。

我做梦也没想到我会回到比勒陀利亚，回到这个此前我无论如何也无法在脑海中描绘的城市。母亲在年中来接我们时，我和弟弟妹妹因为要乘火车而非常激动。那时，冥冥之中有什么力量，让我的生命列车驶过无轨的荒野后，突然任性地转了个弯。说起那段日子，我记住了三件事。第一，我的祖母哭了。我以前只见过她在卫理公会的奋兴布道会上哭过。我知道母亲不会毫无理由地在年中回到这里，用家人间的玩笑让狠心的婆婆泪眼婆娑。第二，母亲脱掉了我们的破衣服，把我们擦洗干净，还给我们穿上了新衣服。这也不是一个笑话。我无意中听到她对祖母说："我不能改变自己的想法，也不能改变你的儿子。他们是我的孩子，现在我要带他们走。"第三，走过好几英里尘土飞扬的泥路后，我们在彼得斯堡火车站看到了明亮的灯光。我还听到了吉米·罗杰斯的歌。火车到站了。我因太过茫然而开心不起来，太过害怕而不敢发问。第二天我们到了比勒陀利亚火车站。就这样，在一个冬天的早晨，我们乘着计程车匆匆来到了马拉巴斯塔德，那里是所谓黑人聚居区。

这是一个乡巴佬如何步入贫民窟的故事。跳板就是第二大街，那里住着我的外婆、多拉阿姨和三个舅舅，阿姨和三个舅舅都比我母亲小。大舅舅是威特班克的一名警察。

几天后，我和弟弟妹妹与父母亲住到第五大街，在那里他们租了一个房间。

没过多久，我们就发现父母亲相处得并不好。他们总是吵架，尤其是周末，星期五晚上就开始吵了。他们为了钱吵架，因为父亲不带钱回家。我们才知道这就是母亲从北部接我们回来的原因。那时我十三岁，弟弟十岁，妹妹八岁。

母亲为城外的一个非洲裁缝做女装，晚上则贩卖用麦芽酿制的啤酒。家庭的开销都压在她的肩上。她勤劳坚韧，从不抱怨工作辛苦。父亲走路一瘸一拐，一条腿短一些，因为十几岁时这条腿被马车的车轮碾伤了。但他骑车骑得很快，过去常骑车上班，我们家到市中心只有两英里半的路。他喝起酒来像个无底洞，喝自酿的啤酒时更是如此。他还喜欢用自酿的啤酒款待他的朋友，母亲非常生气，但无计可施，她的恳求无法动摇他。想喝用酵母和水酿制的烈酒时，他会去有色人种居住的开普聚居区，就在我家边上亚裔保留地的另一边。这种烈酒比麦芽啤酒后劲更足，他经常威胁母亲："我是因为你才去喝烈酒的。"但他天性如此狂暴，根本不需要什么东西煽风点火，他就已暴躁不已。

我们以前从未真正认识过父亲，现在跟他住得近，能近距离观察他，我发现他的脸并不讨人喜欢。像他母亲一样，他不会开怀大笑，面部的皮肤紧贴着骨头，嘴角带着些许残酷，瘸腿和后脑勺也是如此。他很少有心情和我们一起玩，大多数时间我们和母亲亲近。

"你还想这样继续多久，摩西？"

"什么，伊娃？"

"别假装不知道我需要钱买吃的。你至少该担心一下孩子们的服装费。看看你，总是喝醉。你在干什么？"

"所以，你不想卖我啤酒，是吗？"

"如果你一定要喝，那儿还有。你喝酒的时候，或许应该考虑一下别人，我们这些想填饱肚子的人。"

我父亲看上去很邪恶。

"别这样跟我说话，该死！"他吼道。母亲保持沉默。上至他的每个手势，下至他的瘸腿，都充满了威胁的味道。我们已经习惯了这些争吵，但这时我们的房间里来了第六个房客，那就是"恐惧"。

"我不希望那男的再到这里，听到了吗？"一天晚上父亲这么说。

"他是你的朋友，你知道他是来喝酒的。"当她觉得风雨将至，会让我们到外面去。她经常这样做。

"别这样跟我说话！永远不要跟丈夫和上帝顶嘴，你的母亲没教你吗？"透过窗户我们听见他这样说。

"是你先开始的，摩西。"我们从窗外往里看。

母亲被打倒在地。

"告诉你，我会杀了你！"他正要踢她，不知打哪儿来的一只手抓住了他的颈背。是隔壁房间的人。父亲的目光在烛光下颤动，母亲站起身，立在角落里。那晚我们不得安眠。

"为什么父亲总是这样对你，母亲？"有一天我壮着胆子问。

她十分简略地回答道："我不知道，儿子。"

"我希望塞洛的父亲也是我的父亲。"

"为什么？"

"他会和他们一起下棋。父亲从不这样。"

"你不知道自己在说什么，艾捷基。另外，抱怨根本没用。"

"我没抱怨。"

这事就这样结束了。母亲擅长处理这类事情。也许一想到这个她也很痛苦，但她从不会抱怨什么。

裁缝老板宣告破产后，她找不到新的缝纫活。工厂很少，而且不请黑人劳工，所以母亲开始给白人洗衣服。她还在家里为黑人聚居区的居民做一些缝纫活。她为我们所有人做了衣服：裙子、裤子、夹克，以及妹妹的连衣裙和围裙。我再没见过一只虱子，她也从来没让父亲穿过脏衣服。

另一方面，父亲在家里继续耀武扬威发牢骚，还大声咆哮发脾气。母亲自酿啤酒的生意很兴隆。他到其他地方喝酒，向她要钱。

"别抱怨，伊娃！"当她冒险发表意见时，他如是说。

"如果你用钱干蠢事，我不会把我的钱给你！就是这么回事。"

"我倒要看看你会不会这么做，贱人。"

"当着孩子的面别这么说话。"

"不管怎样，他们都是我的孩子。"

"他们是我的孩子。你为他们做过什么？"她眼里冒着火花。从那天起，我知道她会像母老虎保护幼崽一样反抗了。另外，我发现自己有了立场。我恨父亲，弟弟妹妹也是如此。父亲在房间时，我们宁愿去外面玩。

"艾捷基，格莉，所罗门！"我们很不情愿地走进房间，酒鬼父亲在召唤我们。他把我们揽在怀里。

"我——我——嗝——我给你们带了糖果，看见了吗？从城里带回来的——嗝。"

母亲当然忍住了笑。

"看！"他拿出一个满是烟味的棕色袋子。

"你分给——嗝——其他人，艾捷基，你最大，知道了吗！"

这一次我母亲笑出了声，只有高兴时她才会这样，她强壮的胳膊和肩膀因欢笑而抖动。我父亲说："记住，你是我的继承人，艾捷基，别让任何人骗了你，知道了吗！"这时母亲又大笑起来。父亲用粗糙的脸颊蹭我，我闻到他呼吸中强烈的酒味。

我多多少少知道母亲把我们从莫帕能接回来的原因。父亲拒绝抚养我们，于是母亲向当地长官报告了此事，长官劝她把孩子们接回来。如果他和我们一起生活的话，或许我们的存在会不断提醒他。她定期向长官报告进展。

"是我买了那些山羊和驴。"母亲说，"他母亲写信给他，说需要犁地的驴,他当作没听到。但别再为这烦恼了,儿子。你还年轻,这种事对你的小肩膀来说太沉重啦。"

星期天早晨,我们懒洋洋地躺在毯子里,无声地抵制早起的规矩。普赖默斯便携式燃油炉上架着热气腾腾的锅,轻轻地发出咕噜声。肉、土豆和咖喱散发出诱人的香味。

我想起了在彼得斯堡莫帕能的那些年。漆黑的大山,田野,我的玩伴,老莫迪塞和老塞戈。透过窗户我看到外面阴沉沉的,我讨厌云,现在仍是如此。我一直很讨厌它们,因为它们使我的灵魂更阴暗郁闷了,无论在莫帕能还是在比勒陀利亚都是如此。乡下的云会招来大雨,下雨时山羊很难管控,它们惊慌失措,发狂地横冲直撞,仿佛有巨大的跳蚤凌空出现,只有那几头驴不会在雨中乱跑。我经常大叫着追赶这些羊,抓住一只就用棍子痛打一顿,它会向老天大呼救命。我相信它一定知道我为什么那么生气。事后我会抚摸它,喃喃地说着"抱歉"。我觉得再也没有比山羊更倨傲的家畜了,似乎从未听说山羊会奉承人以满足其虚荣心。

奔跑的脚步声。我从梦中惊醒,弟弟也是如此。妹妹紧跟在母亲身后,母亲则被门槛上的木头绊倒了。父亲怒吼着,我们知道他一直在追赶母亲。母亲跪着,显然受了伤。

父亲说:"我会让你知道我是谁!"

"你拿着什么,摩西?你在干什么?"

"起来!"

"我起不来，我做不到，我的膝盖！"

"今天，你就得听我的！"他一瘸一拐地去拿炉子上的那口锅，很快他就拿到了。母亲发出尖叫，那声音我至今无法忘怀。滚烫的肉汤、肉和土豆倒在她的衬衫上，而她想要抖掉。

他抓着她的衬衫，用锅敲打她的头骨，沉重的击打声随之传来。她挣脱了，哭着逃出门外。

直到那时我才冷静下来，出门找人帮忙。等我和多拉阿姨一起回来时，救护车早就到了，母亲被送到了医院。警察来了，将父亲逮捕。我们收拾好东西，搬到第二大街和外婆一块住。

几周后，母亲出院了，包着厚厚的绷带，她在法庭上控告我父亲。我也上了法庭。

母亲讲了星期天早晨那件事情的经过，还讲了她和父亲起冲突的其他事情。法官判处他十四天的监禁和罚款，具体数目我忘了，我记得他交了罚款。那是一九三二年的夏天，那是我最后一次见到我父亲。炉子里煤油的强烈气味经常使我想起那个星期天。

第四章

水龙头

水一滴一滴地流进水桶，好像要等上一个年头，四加仑的水桶才能接满。接水的人越来越多，队伍像蛇一样歪歪扭扭，越排越长。我们几个小男孩也在排队。

滴答滴答，水流进桶里或碗里。队伍越排越长，后面的人已经听不到水滴声了，人群里传来无计可施的抱怨声和不耐烦的啧啧声。真是一场对公用水龙头的朝圣之旅啊！看看第二大街，就会知道马拉巴斯塔德其他公用水龙头也好不到哪里去。

排队的人有时会拌嘴，之后又说说笑笑，他们听听别人聊天，说说家长里短。有些人索性坐在了水桶上，一两个带孩子的母亲还喂上了奶。大家各自消磨着美好时光，不知不觉间水桶就满了。

有人会抱怨："滴答滴答！大海里这么多水，偏偏咱们马拉巴斯塔德缺水！"还有人咬紧嘴唇，无奈地拍拍手，然后紧握在背后，好像在说："等得快要绝望了。"但你知道，人们会一直等下去。

詹韦尔黑得发亮，她家离水龙头最近。她对大家说："你们肯定没听说过这事！莱戈蒂家的院子里，有只乌龟舒舒服服地趴在墙角，那样子好像在下倒霉蛋。"

"谁看到的？"瘦多基问道。她之所以叫瘦多基，是因为队伍里还有个胖多基。

詹韦尔神秘地说："我是不会出卖这个人的。"

瘦多基说："那这肯定不是真的。"

"你听好了，我才没兴趣打探别人家的糟心事，但是……你千万不要告诉别人。我是听路边的山羊说的。要是有人问起，你就和我一样回答。事实上，是多拉偷偷告诉我的。"

"多拉怎么知道那是只乌龟？"

"谁会连石头和乌龟都分不清呀！"

"城里会有乌龟？净胡扯！"

"你这人就是这样，多基，不亲眼看见你是不会相信的。"

"继续说下去！詹韦尔！"

"又是巫术呗！以后她还会在晚上骑着狒狒走到街上。你们黑人最喜欢这种故事了，不是吗？"

不出她所料，一些女人咯咯地笑起来。谈到别人时她喜欢说"你们这些黑人"，一说这话他们就会发笑。她自己黑得跟煤炭似的，却成天说她来自路伦索马贵斯，是葡萄牙商人的遗孀。

"呸！"外婆经常说，"想想看，她黑得像恶魔。"街对面的莱博娜也这么认为。

我听多拉阿姨跟别人说过，我们的隔壁邻居会巫术。她发誓她在莱戈蒂家的院子里的确看到过一只乌龟，她说："这只乌龟一定是她变出来的。"

时间过得还是那么慢，水龙头的出水速度让人焦急痛苦。如果一直盯着水龙头看，你可能会出现幻觉，觉得出水速度好像变快了，但那幻觉转瞬即逝，大家只能耐心地干等着。我常常幻想，要是列肖那河能流到第二大街该有多好！那样我们就有用不完的水了。我也常想起山那边的缕缕清泉。我坐在水桶上打了个盹儿，梦见了德兰士瓦北部的倾盆大雨。雨点重重地砸下来，淋得你浑身湿透，你不用特地停下来解手，你可以边走边尿，反正没人会发现！

突然有人经过，排队的人顿时鸦雀无声。原来是刀哥，我们小孩子都这么叫他。没人知道他的真名。我们叫他刀哥，是因为他一发火，就会挥舞一把长刀。星期六上午，他无精打采地走在路上，神情冷漠，步态粗鲁。他穿着一条破裤子，从裤脚往上裂了一条长长的口子，破裤管都快拖到地上了。他走起路来弓着腰，有点虚张声势的凶狠样。其实他长得还算英俊，如果不认识他，你可能还会觉得他是个老实人。一旦他露出粗野的一面，就满嘴污言秽语，让人心惊胆战。老拉梅兹这么形容他："那双大眼睛血红血红的，都可以在上面点火柴了。"

刀哥在街上晃悠时，其他人为了避开他，都尽量靠着路边走，恨不得挤进别人家里去。更可怕的是，他身后还跟着一条恶狗。

外婆说："人是按照上帝的形象造出来的。杀了人，你手上沾的血就再也洗不掉了。"

他因为杀人在牢里蹲了五年，差点被判绞刑，但最后逃过一劫。

外婆还说："如果杀人不偿命，谋杀就得不到制止。他们应该让刀哥自食恶果，一命抵一命。这政府也真是奇怪，不知道是怎么想的。"老拉梅兹觉得总有一天刀哥会把魔爪伸向第二大街的每个人。他预言道："那个受害者的血总有一天会把刀哥整疯。他会让地狱之火烧到我们每个人身上。"

刀哥带着他的恶狗和父亲住在第二大街的一间出租屋里。他一般晚上工作，但没人知道他具体是干什么的。不过，他好像总有办法让他和父亲有旧衣服穿，让狗总是那么凶。

到了晌午，接水的人变少了，到了下午一点就基本没人了。错过了课间去集市赚零钱的机会，让我们小孩子最生气。本来我们还指望着拿些钱去买点面包，再买点杧果和辣的红咖喱做成的零食。这意味着我们不得不向欠我们钱的其他男孩讨债。把钱借给别人也是我们没钱的原因之一。

　　和其他地方一样，马拉巴斯塔德就像是有人管理的锡罐废墟。街道笔直，房子紧挨在一起，外墙破旧不堪。如果哪天某间房子倒塌了，那挨在一起的一整片房子都会跟着遭殃。我依稀记得房子外面有各式各样的篱笆。电线歪歪扭扭，旗子随意乱飘……偶尔能看见几幢装饰华丽的房子。和其他房子一样，它们也是用波形铁皮建的，但不同的是，阳台和石柱是用水泥浇筑的。我们街上一个老头的家就是这样的。他为人严厉，在葡萄牙公使馆工作。这样的房子，第十大街上有一间，第十三大街上有两间。其他房子的阳台都是泥地，只有四根杆子七倒八歪地撑着顶棚。

　　这里只有一户人家有花园，面向巴伯大街。屋子的主人因为妻子格蒂是有色人种而沾沾自喜。他的孩子们盛气凌人，很喜欢嘲笑自己父亲的黑皮肤。据说只有他家有煤炉，这或许是真的，因为每逢圣诞节，马拉巴斯塔德人都会拿着装有生面团的碟子在印度人开的ABC面包房前排起长队，等着烤面包或蛋糕，价格是一先令一碟，只有他家没人出来排队。

　　早上和下午的马拉巴斯塔德被炭火盆散发的烟雾笼罩。冬天我们都会把炭火盆放在院子里烧旺后再移到屋子里，天气暖和一点的时候就移到后院。

　　虽然大家经常用自制的扫帚打扫，但后院总是很容易脏。大部分人会把家里的一两个房间租给一户人家或单身汉。所以，一户人家的院子里同时烧着三个炭火盆也不是什么稀罕事。

我们称当地无所不在的白人警司为教父太保，他见不得街上有一丁点儿污水或者猫狗的尸体，但后院就不是他的管辖范围了。我们能见到他的唯一机会是去付十四先令的租金或者他开车到巴伯街的时候。巴伯街是这里唯一一条柏油马路，这也是他仅被视为马拉巴斯塔德主人的原因。

否则，黑人聚居区真像是警察们的房产。深入聚居区内部，街道上满是污水、飞蝇、动物尸体和小孩的粪便。

与比勒陀利亚的其他地方不同，马拉巴斯塔德没有围栏，班图乐和开普聚居区也没有，人们可以从四面八方来到这里。马拉巴斯塔德的白人不是很多，除了当地警司，就是卫理公会教堂的牧师、圣公会教堂的神父和秘密来访的学校督学。多年后有个白种女人来这里摆了个施粥场，但没过几个月就连着施粥场一起消失了。我们实在想不出有什么理由能让白人到这里来，除非他有个什么管事的职位。我从未想过这问题，其他人应该也没有关心过这事吧！

第五章

黑人聚居区

我和弟弟妹妹已经习惯了第二大街的生活。对我们来说这里的街道很陌生。为什么人们要建鳞次栉比的房子？为什么非要到厕所里解手？为什么要用围栏把自己家和别人家隔开？……莫帕能不是这样的。那里的房子布局杂乱无章，村民互相串门，或一起围坐在村里的火炉边讲故事，直到太阳升起，公鸡打鸣。第二大街截然不同，不过，虽然他们表面上对别人的事漠不关心，讲话时却表现得微妙的一致，行事方式也很像从一个地方出来的人。

外婆是一家之主。她是莫佩迪族人，其先辈也姓姆赫雷雷，但和我父亲的家族没什么血缘关系。因为姓姆赫雷雷的人实在太多，姆赫雷雷族长下令，除了他的家族，其他人都要改姓，因为单单一个姓氏已经无法说明血缘关系。后来一些人搬到了城里，他也就取消了这一命令。外婆嫁给了一个莱登堡区塞赫赫尼的莫佩迪族人。瑞特船长带领白人"海盗"把塞赫赫尼国王驱逐下山时，他俩都还是孩子。我听外婆说，直到今天巴佩迪族还是仇视斯威士人，"海盗"们因为没有抓住巴佩迪族的国王，就组建了一支残忍的斯威士军队。这支军队一路迂回前进，在山里滥杀无辜，无论男女老少，一个都不放过，最终他们抓获了国王。

母亲、多拉阿姨和三个舅舅都出生于德兰士瓦东部。多拉阿姨和她的三个孩子，还有舅舅跟我们住一起。家里只有两间房，都用作卧室，其中一间有一张桌子和四把椅子，那里也是我们的客厅，我们在后阳台做饭。外婆把另外三间房租了出去。妈妈是家里的长女，给郊区的一户人家做家佣，两周回来一次。

到城里工作的小伙子和在农村时一样，会在晚上打架斗殴。星期天下午他们会扛着几块肉出城，向他们的死对头逼近，他们说那些肉是人的脚。在比勒陀利亚，每个马来塔人会分到一块土地，他们还会在警察的监视下齐步行进，因为比勒陀利亚政府认为这样可以消耗他们多余的精力。

我们的房子正对着巴伯大街。星期天下午我们的休闲活动就是坐在阳台上看马来塔人踏着大步从柏油马路上经过，警察也会在我们家门前解散，各自前往巡逻地带。从郊区进城的家政工人也会经过我们家门口，之后又经过这里返回郊区。此外还有押解犯人去警局的警察，这就是星期天下午的壮观景象。穿着各式服装的女人吸引着我们的眼球，有几个穿着高跟鞋走路一歪一扭，显然是因为鞋子不合脚，还有几个漂亮得令人嫉妒。

我们时不时要去扶一下围栏，因为它经常倒下来。外婆说想在院子里种花，我们大胆试了一下，但最终不得不放弃，因为谁都没勇气去接水浇花。唯一种成功的就是葡萄，我们还在葡萄架下洗衣服。另外，生锈的大铁门也是个大麻烦。蚂蚁不断啃噬门框底部，我们想把蚂蚁的老巢挖出来，结果挖得太深，整个门都斜了，和地面形成了一个锐角，因此不得不在支柱周围堆上石块维持现状。我们还打扫院子，院子是一个边长为十英尺的正方形，用波形铁皮围了起来。家里的女人们辟出了一条可爱的小道，从大门通往房子，再通往后院。路两边用小泥墙围起来，泥路用光滑的石头磨平后抹上粪便，上面还有小鹅卵石，排成一个个三角形。一堵小墙把小路和灰堆分隔开来。我们会从灰堆里捡焦炭再继续烧，烧完后的灰才会被丢掉。前院外面就是巴伯街和第二大街。我们在前院的一小块地里种玉米，基本上每年都可以收七堆玉米。作为家里的小孩子，我们一般能分到半堆。后院用四英尺高的泥墙围了起来，我们和后面两间房的租户都在这里烧饭，所以地面是泥地。这些房间，包括连接前后门的通道，都朝向小阳台，冬天我们会在这里做饭。餐桌放在角落里，我依稀记得这桌子在我们刚从彼得斯堡回来时就有了。阳台的地面不足六英尺高，建在一块破碎不平的大石板上。无论我们怎么清洗这块石板，上面的蜡烛油印总是除不掉，就像人皮肤上的痂一样显眼。

阳台的另一边放着马西布拉的被褥和麻袋，上面是他拿来当床板的肥皂箱。他睡在门廊里，是个巫师。有一天他突然来到我家，问我们能否给他一个睡觉的地方。后来我们知道他来自北部的尚干纳国，是个流浪汉。外婆收留了他。火炉边的灰是老问题了，铁皮墙上满是灰尘。但面向阳台的墙却挺干净，因为那个卖纺织品的印度小贩奇派尔常在那上面记账。在后院的另一边，每天早上我们都能看见马西布拉坐在垫子上，嘴里念着尚干纳咒语，面前散落着一堆骨头。所有人都尽量离他远远的，怕受到他咒语的影响。客人们也是如此。

弟弟妹妹们太小，舅舅们已经大了，所以大部分家务活落到了我头上。早上四点半我就得起床，在一个废弃的便盆里生火，然后洗漱、做早饭。我给家人煮咖啡，给外婆泡茶，因为她不喝咖啡。她经常跟我们讲她不喝咖啡的缘由。她还是小女孩时，被人用石头砸了，血从太阳穴一直往下流。她捡起那块石头，找了个巫医用药对石头施法，但没什么效果。自那以后就留下了后遗症，她再也吃不了牛肉，喝不了咖啡，一入口就恶心。

喝过咖啡，我们会喝点前一晚剩下的玉米粥，然后去上学。放学后我还要打扫房间，因为多拉阿姨和外婆已经给白人洗了一天衣物了。我得先去生火，然后去亚裔保留地的印度人的肉摊买肉。家里人多，必须用同一个锅煮两次粥才够喝。我们从没买过一磅以上的羊肉。工作日的晚餐都非常简单，只有粥和肉。手头没钱的时候我们就吃炸番茄。除了星期天，我们基本上不吃蔬菜，也不大吃黄油和蛋挞，除非有亲友从约翰内斯堡来看望我们。我好像从没见过一磅重的黄油，我们一般一次只买一提吉，大约三便士。买来后我们小孩子就排着队，迫不及待地让外婆给我们的那片面包抹上一丁点黄油。

早餐时面包都是切好的。大人们先分到放在碟子里的面包，然后我把剩下的面包片和面包块分给其他人。我最小的舅舅比我大不了多少，先让他挑去最大的一份，然后轮到我，接着是我的弟弟妹妹。我们的晚饭都装在同一个盘子里，分给小孩的肉切得大小不一，分食物的顺序和早餐时的一样。我们从不坐在桌子上吃饭，只有客人才能享受到如此现代化的待遇。

星期一早上差不多四点钟的时候，我去郊区拿多拉阿姨要洗的衣物，星期四和星期五下午再把洗好的衣服送回去。运气好的话可以向我们的房客奥姆派叔叔借自行车一用，前提是他没骑车出去替他的中国老板收回赌徒手中的"华飞"赌博游戏号码牌。如果借不到车，我就只能把包袱顶在头上独自走上七英里的路。和其他房客一样，奥姆派有时也会因为卫生问题和我外婆吵架。每到这时候，我就知道借不到自行车了。要走这么远的路我自然不能穿网球鞋，只有星期天我才舍得穿那双鞋。冬天的早上最难熬了，因为寒风会从我鞋边的大裂缝里灌进去。

从郊区回来后我才能上学，晚上洗漱完，等大家都上床睡觉了，我才能做作业，那时差不多已经是晚上十点了。我们睡在同一个房间，房间里有几只放衣服的箱子和一个碗橱。多拉阿姨和她丈夫睡在另一个放着桌椅的房间。

家里人太多，却只有一个床架，四分之三都被外婆和多拉阿姨的三个孩子占了。房间的木地板上还有两个洞，经常会有尖锐急促的风声从下面传来。此外，老鼠也经常会在我们头上动土，还祸害我们的食物和衣服。

有时把肉偷偷藏在口袋里后，我会忘得一干二净，直到摸到口袋上的大洞才会想起来，在那里老鼠们举行了它们的周年庆典。冬天的早晨，一大滴冰水突然从铁皮房顶滴下，落在我们脸上或耳朵上，把我们从梦中惊醒。房门一整晚都关着，唯一的一扇窗总是雾蒙蒙的。你可以听到彼得斯堡驶来的蒸汽火车尖锐的汽笛声，可以听到第一大街的警局里尼亚沙黑人警察喊口令和吹哨子的声音。你知道过不了几分钟他们就会穿着靴子，踏着整齐的步子经过家门口，走上巴伯大街，然后停下来就地解散，各自到印度人和中国人聚居区的商业街巡逻。在巡逻期间，他们基本不会来我们聚居区。如果这个时候我还躺在被窝里，就说明我起晚了，也就意味着这个早晨我都得在外婆的唠叨声中匆忙度过。在马拉巴斯塔德，最好把窗户关上，夏季的夜晚也是如此，因为有很多飞蛾。另外，我们也担心会有窃贼或者外婆口中的"邪恶夜盗"进来，他们对按照上帝的模样造出来的人类没有一丁点尊敬。此外，我们还得提防女巫和雨水，比勒陀利亚的夏秋两季总是多雨。

我总是想不起马拉巴斯塔德多雨的夏季，能想到的多半是它的冬季。冬天，除了在火堆边或太阳底下，我都觉得很冷。

一个星期一的早晨，我骑着自行车从瓦特克鲁夫郊区回来，车把上挂着一大包要洗的衣物。正值寒冬，我只穿了件又破又薄的夹克，冻得瑟瑟发抖。鼻子、嘴巴、耳朵、手指头、脚指头都冻得又红又肿，仿佛失去了知觉，但身体其他部位还是能感受到深深的寒意，神经末梢也冻坏了。

骑到环形路口时，本来应该右转，可我没有，因为转不过来，把手上的东西实在太重了。这时迎面骑来几个白人小孩，他们一字排开。他们正准备转弯时，我也刚好骑到转弯处的人行道。可能太专注于转动把手，这个动作说简单也不简单，我根本没想到要去刹车。我撞上了第一个小孩，他倒向旁边的小伙伴，他们一个接一个倒下，队伍被打乱了。我的自行车撞到了马路牙子上，紧接着我也摔倒在地。

"混蛋！"第一个被撞倒的男孩子生气地朝我大喊。

他的小伙伴们朝我走来，其中三个人每人在我背上和大腿上狠狠踢了一脚后才骂骂咧咧地离开。我一个人倒在冰冷的地上，浑身疼痛麻木，车子前轮也变形了。

我拎起包袱，艰难地走到人行道上，整个人靠在一棵树上。一开始我的意识还有点模糊，无法清醒地思考。过了一会儿我重新出发，慢慢地骑了六英里路才回到家。阿姨和外婆一边修自行车，一边不停地埋怨。

"再说一遍！"住在第二大街南街的希纳说。我只好把撞车的经过又说了一遍。

住隔壁的男孩莫洛伊嘲笑我："你这个乡下人。"

拉托讽刺地说："你以为这是哪儿？彼得斯堡的森林吗？"

对所有人来说，这都是个笑话，除了拉托，他看起来很严肃。小林克斯一脸冷漠。"这是你要上的第一课：到哪都要睁大你的双眼。"他说这句话时依然面无表情。

我不再担心被叫作"斯哥派"（"绵羊"的意思），据说他们这么称呼刚从乡下来的人。

第六章

星 期 六 晚 上

夜幕降临，街灯亮起，整个马拉巴斯塔德沉浸在迷蒙的灯光中。几只飞蛾在灯旁打转飞舞。现在是星期六晚上，这时的黑人贫民窟从来不会无聊，所有人都很警觉，尤其是女人们。

那天晚上就是星期六。一声不祥的尖叫打破了夜晚的宁静，当时我正在屋外，侦察有无手电光。现在想起来，手电光是如此烦人。星期六的夜晚总是如此，充斥着手电、警哨、尖叫和白人嘴里发出的咒骂声。但没人对此习以为常，尽管自始至终这很平常也很无聊。那年我才十三岁。

阿姨把最后几品脱的啤酒倒进一加仑的油桶，那时我在院子里把风。

事情总是不得不如此："孩子，去外面看着。""洞挖深点，孩子。""压得用力点，孩子。"翻来覆去总是这么几句话。"女儿，不要上学了，你得工作。""你不能坐在家里等着别人服侍你。你必须给白人洗衣服、卖啤酒。""这才是一个女人应该做的。看看我们，没有一个人坐在家里靠自己的男人或父亲赚钱养家。我们用自己卖啤酒的钱供孩子上学。"

是的，人生就是这样。你在白人的地盘上，就必须帮他们洗衣服，赚他们的钱，买他们的面包，必须住在他们建的房子里并受他们的监管。

其他几个酒桶已经藏到洞里了，最后一个也应该快从窗户里递出来了。这时我听到了沉重的脚步声，阿姨必须抓紧时间了，否则……两个大男人翻身进入院子，拿着大手电四处扫视，一个小角落都不放过。趁他们还没来我这里，我赶紧把铁桶扔到了隔壁的院子里，水花四溅的声音随之传来，我还真是不幸！不过感谢上帝，那铁桶正好掉进了一大缸污水里。一黑一白两个警官走过来，把晃人的手电光直对着我，我什么也看不见，只看见旁边那个白人警官的宽肩膀。我傻在那里，害怕得直哆嗦。

"你在这做什么，小伙子？"那个白人警官关掉了手电，用阿非利卡语[1]问我。

"不干什么。"

"你一个黑鬼怎么可能一个人站在这里什么也不干？"

---

[1] 又称南非荷兰语，南非的官方语言之一。

我沉默不语。即使那个时候，我还在想母亲来来回回收拾残局的样子。

"我刚进来时，听见的是什么声音？"

"我在用石头扔狗。"我回答道。我必须拖住他们，直到母亲收拾完残局，但我没料到这么做的代价。

"抓住这混蛋的胳膊，乔纳斯，把他的胳膊摁屁股后面！"黑人警察刚抓住我，白人警察就狠狠给了我一巴掌，那一刻我仿佛听见有人在叫我的名字。我摇摇晃晃倒在葡萄架的柱子上。黑人警察猛地将我一把拉起，痛觉顿时蔓延全身。

"你到底说不说实话，黑鬼？"我那时想，无论发生什么我都不在乎了。其中一个警察反手又给了我一个巴掌，我嘴里顿时充斥着一股咸味。我捂着嘴巴，那个高个子白人警察抓着我的脖子，把我的脸死死摁在另一只手上，顿时我感到无法呼吸。

"这就是你说谎的代价！你这个黑鬼小杂种！"说完，把我摔在坚硬的地上。

一阵刺眼的强光……用来戳破啤酒桶的尖头钢棒明晃晃的……沉重的脚步声……金属的叮当声……这些声音隐隐约约，听不真切。我感到天旋地转，仿佛被挂在悬崖边，眼前一片漆黑……

马拉巴斯塔德人还是照旧酿啤酒，警察还是会来突击检查，无情地破坏。星期六和星期天上午，街上的的确确流淌着啤酒。

中国人和印度人开的商店还在贩卖麦芽。每家每户的院子里都会有几个藏啤酒桶的地洞。有一次，第五大街有间房子着火了。清扫瓦砾时，原先的泥地露了出来，发现了几个地洞。瘦多基发誓说，洞里面的酒桶里有动物的毛发。她说："这是巫师的把戏，为了让啤酒生意更红火。"

大家都不希望她说的是真的。女人的嘴里总能酝酿出最可怕的东西。"他们是异教徒！"外婆生气地说，"我的啤酒纯净健康，对人的胃口。"我们还没有遇到过挑事的客人。"但即使真有，托上帝的福，我也能赚钱供我的孩子上学，让他们都上大学。"外婆所谓的"大学"是指高中或者教师培训学校。她的确送三个儿子上了高中，其中一个儿子上了教育学院。

插　曲

星期六晚上，一片漆黑。角落里传来一个舅舅的呼噜声，就像低沉的牛叫。第二天，和他一起睡地上的另一个舅舅抱怨说被他的呼噜声吵醒。睡在我旁边的弟弟不怎么翻身，睡在他旁边的小舅舅也不怎么翻身，我们三个盖同一条毯子。他们说我睡相很差，一入睡就开始扯被子，还不停地翻来覆去。

冷风从地板的大洞里吹来，吹在我裸露的身体上，把我吹醒。有人把脚架在我的脖子上时，我梦见恶魔在撕扯我的喉咙，就尖叫着跳了起来。妹妹睡在桌子底下，一直在踢桌角。外婆和多拉阿姨的三个孩子静静地躺在陈旧的双人床上。唯一的门窗关得严严实实，屋子里很闷热。盖着两层毛毯，不热才怪！睡不着，又不能去院子里溜达。我浑身酸痛，因为那天我刚把家里清扫了一遍，还被扬起的灰尘呛到了。

一直流汗！我吹掉嘴上的汗，觉得鼻子很痒，不停地揉啊揉，但没什么用。箱子及木板上摆着的外婆没什么用的收藏品，都布满了灰尘，那木板架在橡子上。地上的箱子上放着旧手袋和帽子，还有不知道哪个老太太给的小饰品。这些东西堆得太高，以至于倒了下来，外婆说不用管。藏啤酒的地洞就在这堆箱子后面。地洞周围布满了灰斑，散发着麦芽发酵的香气。

这样的地洞不容易被警察发现。警察？星期六晚上，穿着制服的警察可能这会儿就在院子里。西面传来警笛声和狗吠声。应该是在第四大街，因为我听到了沉重的脚步声。一定是有人在试图逃脱法律的制裁、警察的追捕、法庭的审判和监禁。星期六晚上九点五十分时，我听见警局响亮的宵禁声"九点五十分，九点五十分，九点五十分"，提醒黑人们不要再在街上游荡，赶紧回家，不要进入警察的视线。

年复一年，宵禁的钟声总是在九点五十分准时响起。除非有夜间通行证，否则黑人必须马上回家睡觉。警笛声非常近，那个逃犯肯定到第二大街了。钟声响得正起劲，所以黑人，你必须跑，无论你现在在哪里，都得拼命跑。警笛声渐渐远去，可我还是睡不着，因为背很疼，我忍着不让眼泪流下来。我越过其他人，摸索着打开门走到十英尺长的走廊上。那里放着一桶水，我猛灌了一大口后才回房间。

我得小心，不能撞到摇摇欲坠的箱子，不然今晚就没法好好睡觉了。夜空中还飘荡着U-NO-MES乐队的音乐，传单上说这是《黎明之舞》。我还是睡不着，唯一能想到的就是住在我们大街上的索尔和丽塔。今天早上醒来时，丽塔压在刚出生的孩子身上，把他压死了。此刻他们被关在监狱里。索尔和丽塔！一提到索尔，人们总会提到丽塔。他们两个一喝多就开始大吵，有时丽塔还咬索尔的手指，然后两人一起痛哭。外婆说他们两个是索多玛和蛾摩拉，那是《圣经》里充满罪恶的两个城市。他们抓走了安睡中的上帝之子，并将他杀死。

索尔和丽塔都很瘦，外婆说他们瘦得像撒旦的使者，像被风吹着走的水芦苇。星期六晚上的传闻现在已经被控制住了。希基走在街上，弹着随身携带的吉他。他一边弹吉他，一边不停地咳嗽。自打我认识他以来，他就咳个不停，一直以来都是如此。希基的音乐变幻莫测，我仿佛置身屋外，看着他经过我家门口，回到他自己家门前。他的兄弟和他住在一起，照顾他的衣食起居。他和卡特里娜在一起吗？不，如果和卡特里娜在一起，他的音乐声不是这样的。卡特里娜是他的女朋友，经常来照顾他。音乐声渐渐远去，最终消失在黑夜里。

"白人很强壮。"听到母亲说这话时我觉得很搞笑。白人很强壮。你不能挡了他们的道，不然他们就会揍你。也许等你足够强大时，你就能说出你的心里话了。但要记住，白人的胳膊很强壮。星期六晚上，我在想我的学校和同学。我觉得自己懦弱、低级、无知又不安。今晚我依然在胡思乱想。明天马来塔人行军时会经过这里。踏着铜管乐队美妙而嘹亮的音乐声，妇女社团会穿着鲜亮的制服整齐划一地走过。你可以听见人们的脚步声和旗帜迎风飘扬的声音。

但今天是星期六，我想要睡觉。我在想那个可怜人是不是已经被抓住了。警察、警察……妈妈，我怕警察。外婆，我不想看见他们。多拉阿姨、舅舅，我害怕警察，我恨他们。妈妈说，我的孩子，等你长大了，等你强大了……你的草药怎么了？多拉阿姨问家里的尚干纳巫师马西布拉，他正与往常一样睡在后面的阳台上。

我们给他吃，给他住。作为回报，生病时他会给我们强效的草药。他抛出占卜用的骨头，问神灵为什么我们这么穷，为什么警察让我们不得安宁，为什么阿姨和舅舅有时会吵架。马西布拉也许已经睡了，但我想借助草药，他可以看见我还醒着。每次睡觉前他都会往火堆里插一根棍子，防止别人的打扰。但他也不知道怎样才能不受警察的骚扰。我不知道他的草药出了什么问题。

第七章

差 生

　　老师说我是差生，校长说我是差生，阿姨也说我是差生。每个人都这么说，母亲对此却一无所知。我除了承认外，别无他法。因此，即使要被留在三年级而不是接着读四年级，我也压根没想到是因为他们可能弄错了。

　　我发现班里有些男生年纪挺大，我还算小的，这让我心里终于舒服了一点。我们班大约有八十个学生，年中考试时我是第七十七名。家里每个人对我宽容地摇摇头，说他们知道乡下学校有多差，对他们来说我得了这名次一点也不奇怪。"你居然还不是最后一名，真是奇了!"我的一个舅舅说。

　　我勉强升到四年级时，同学给班主任起了"库兹维"的外号，是对他真名的歪曲。他是个身材矮壮、思想保守的暴君，学生小小的挑衅或一时的心血来潮都会招致他用藤条一顿好打。

明知我们离学校还很远，他却跑去敲上午的上课铃，让我们迟到，满足他那种在我看来是神经质的鞭打欲望。如果你前一次考试得了第五十名，下次却是第五十一名，就会被他以所谓"倒退走路（退步）"的名义鞭打。如果你骑自行车去镇上，而不是走路去，他就会走到你面前讥讽你："学学怎么走路吧。"我被他狠狠抽过，因为一天他注意到我的裤子是破的，第二天他问我裤子是谁补的，我说是我阿姨，然后我就被罚了，因为没有自己补裤子。我不停地哭，觉得他太不公平。我不停地抽泣，每次想起他的不公，我的眼泪就会决堤。

课间休息时，库兹维从他的水瓶里给我倒茶喝。我接过茶，却觉得很羞愧，我原本打算讨厌他，可这茶却让我很难这么做。库兹维教算术很恐怖。我太笨了，和数字打交道很费劲，而他讲解例题的速度快得惊人，再加上不可避免的鞭打，并不能让我们这些差生学得更好。我越来越讨厌这门课，甚至讨厌他本人。我讨厌他的"捷径"，讨厌他接连不断的"小技巧"，讨厌自己在算术方面无比笨拙，还讨厌他轻轻拍打那些好学生的后背。

没人知道为什么这个小个子男人对他的侄女弗吕恩萨最为严厉。他们住一起，大家常说他拿她出气，是因为她在家里犯了错。这滋生了很多邪恶的小故事，这些故事让大男孩们着迷，也让我们这些小男生咯咯直笑。

"他这人怎么样？"我问弗吕恩萨。

"我不知道。"

"他让我既迷惑又害怕。"

"我已经不怕他了。"

"你母亲知道吗?"

"我没有妈妈,也没有爸爸。"她笑着说,心酸的表情却像是下一秒就会哭出来。

"他在家里也经常打你吗?"弗吕恩萨只是看着我,眼里满是痛苦。我很抱歉问了她这个问题。在某种意义上,我觉得自己和她同病相怜,只能像海绵一样对暴政逆来顺受。

脱离库兹维的魔掌升到五年级那天,是我们最开心的日子。一位身材瘦弱、脸色苍白的老师成了我们的新老师。他咳嗽,还有一口黄牙。

"莫洛伊!快看那边!"

"看什么?"

"看那边那群人。"我指着教堂街一座在建的高楼。

"快走吧,艾捷基!快赶不上电影了!"但我仍呆呆地站着,对这栋建筑惊叹不已,下一秒它可能就会坍塌,把我们都压在下面。我有点害怕。

"快点,你这个胆小鬼!你第一次看到房子啊?"他不耐烦了。

他是我的邻居玩伴。其他男孩扬言要教训我时,他总会站在我这边。他充满活力,喜欢在家里大声歌唱,大街上也回荡着他的歌声。

这栋建筑和德兰士瓦北部的山一样高，它让我想起了那些大山。我以前很怕站在山脚下，唯恐它们将我压扁。但一到城市，我的恐惧总会变成惊叹。但我知道我的恐惧正在某处蛰伏，这个黑暗的生物随时可能追捕不堪一击的我。

"你不觉得这楼很快就要塌了吗，莫洛伊？"

"别傻了！这些白人聪明着呢，兄弟。"

"但那儿也有我们黑人啊。"

"所有的脑力活都是白人负责的啊。"

"但在北方，我的家乡，黑人包揽所有的工作。"

"这可不是北方，兄弟。"

"但黑人就是黑人，白人就是白人，到哪都是一样啊。"

"我说的是，在这里是白人做脑力活。"

"就像今天早上菜场里扇我巴掌的那个白人？"

"是的，兄弟。"接着他笑得直不起腰来，他那对大耳朵充分显示了他快乐的天性。我重重地推了一把四轮车，然后跳到一边，车子沿着街道滑了下去。

我放声大笑。"市场总管"给了我火辣辣的一巴掌。实际上，他并不是市场总管，不过是个看门人之类的，但我们称他为"市场总管"。在我们眼里，他很强壮，看着就像是掌管城里的菜市场这种大地方的人。

我们在菜场捡被丢弃的胡萝卜和烂熟的西红柿,准备在去郊区的路上吃。那时"市场总管"朝我们猛扑过来。我瞥到身边飘动的白色风衣时,他的大掌已经重重地打在我的后脑勺上,我被打翻在地。我前面的一个男孩还挨了他一鞭,我们只得四处逃窜。等莫洛伊把一个白人客户的蔬菜装上车后,我们就向郊区出发了。

清晨,去森尼赛德的路上我觉得很困惑。我在想这样的日子是否就是我要过的生活,直到死神降临……

笑闹过后,我们的手推车在柏油马路上平稳地行驶,饥饿和沮丧向我袭来。我仿佛走在一条蜿蜒的漫漫长路上,看不到路的尽头,就像我年幼时走过的漫漫红尘路,眼前的浮尘告诉我还未到终点。城里也是这样的吗?

但我们很快就忘记了饥饿、疲惫和一切,全身心地沉浸在电影激动人心的情节中。我们通常会买四便士的大电影票,上面有四张图片,勾勒出电影的情节。那时还是无声电影时代,知名的演员包括胡特·吉布森、汤姆·泰勒、弗兰基·达罗、巴克·琼斯、特克斯·梅纳德、提姆·麦考伊。喜剧演员有哈罗德·劳埃德、理查德·塔尔马吉、拉里·西蒙、查理·卓别林和巴斯特·基顿等。

我们站在椅子上为这些银幕英雄鼓掌。此时嘈杂的钢琴乐成了最好的背景乐。其他男生需要靠我读银幕上的字幕,才能跟上电影的节奏。我觉得自己非常厉害,也非常重要,因为我可以读得很快——快得足以应付那些年慢节奏的生活。

"你怎么能读这么快?"莫洛伊问我。

"我就能读这样快。"我回答道,笑得很神秘。

"就知道问你根本没用。"他说,觉得我非常讨厌。

事实上,任何印有文字的纸片,不管什么内容,我都会拿来读。这已经成了我的癖好,我不会放过眼前的任何印刷品。在学校,我觉得自己不如大多数同学。我英语很差,而这恰恰是教学的媒介,所以我不停地读,不停地读,直到眼睛泛疼。但同时我从中感受到了很多乐趣。最后我终于克服了英语差这个弱点,我为自己感到自豪。

我经常没钱看电影,但为了让我帮忙读字幕,总有人请我看电影。在观众的喧哗声和不断穿插其中的钢琴声中,我尽力提高嗓音,让他们能够听见。

第八章

狐狸帮

第二大街的男孩们齐聚在阿布杜尔商店的门廊边。放学后狐狸帮会在这里会师，"狐狸帮"是我们给自己取的名字。

"库兹维的算术题做了吗?"希纳问道。

他的颧骨很高，脸上的皮肤紧致，很有东方人的特征。

"让库兹维去喂鸡吧!"某人说道。

"他会活剥了你! 会朝你大叫，让你觉得有人在骂你。"莫洛伊说。

"你怕他!"希纳挑衅道。

"谁不怕?"莫洛伊说，"今天早上，他活剥了一个男生的皮后才开心了一点。"

"那根本就不算什么!"小林克斯尖锐的声音不知从哪里冒出来的，"你应该看看库兹维让蓬戈斯趴在长凳上，用鞭子抽他! 蓬戈斯的裤裆都被抽裂了，补了好大一块。"

"还有丹尼尿裤子那天。"另一个男孩补充道。我们放声大笑，小林克斯的身形在我们震耳的笑声中显得愈加瘦弱。

"兄弟们，大眼睛在哥伦比亚和弗兰斯跳舞的事，还记得吗？"有人问道。

"他扮成女人勾引大男生那次？"我们再次大笑。

"大眼睛"是我们给校长取的绰号。他是鞭打施虐王，让男生把女生的手和腿按在凳子上，满足他的鞭打欲望。这总让我们男生感到既尴尬又好玩。玩闹的时候，我们会讨论女生底裤的颜色，这其中的乐趣就更不用说了。

高年级的男生说，和前任校长相比，"大眼睛"的鞭打只能算爱抚。我们经常听人说，前任校长买了六便士的木柴，然后让男生躺在那上面接受鞭打。这些粗糙的木柴布满木刺和疙瘩，被打的男生如果因为疼痛而试图移动，木柴会刺痛他，迫使他多多少少保持不动。男生们常说亚伯拉罕肯定让自己的儿子伊萨克躺在柴堆上挨过抽，所以学校里有一种普遍的说法：一个男生受了"伊萨克之刑"。

"啧，我讨厌他，也讨厌数学。"我把话题重新拉回到库兹维身上。过去的记忆令人痛苦。住在第二大街的老拉梅兹常说，他想不通为什么小男孩会做不对算术。他说："如果老师今天问我：在盒子里放三根火柴，然后拿出两根扔掉，还剩几根？我为什么不能等到明天再回答呢?"

巴伯街上的三家中国商店，包括对面有钱人冯·普拉克开的那家，都是用劣质的波形铁皮搭建而成的。这三家都是纯粹的杂货店，陈设杂乱。五家印度商店店面更大，由砖块搭建而成，陈设整洁，且每家店铺都分设杂货区和布料区。另外，这些店铺的走廊上都铺着一层花生壳。阿布杜尔的商店就是其中之一，店里的一个大窗口摆着香蕉、橙子、百香果和番石榴，另一个窗口摆着布满灰尘的陶器、纸脸谱和小玩具。

他的商店里总是弥漫着迷人的芳香。其中一扇门通向院子和煤场。商店的墙上贴着画，画上是摆着舞姿的印度女孩，她们皮肤光滑，脸颊粉嫩，有着黄色皮肤、圆圆的脸颊和大大的眼睛。这些人物都源自印度和阿拉伯的传说。天花板的总电线上挂着许多彩色纸带，圣诞节时一旦挂上去，就会挂上好几个月。就像我们圣诞节时买的锡纸花，会一直摆在桌上，在下一个圣诞节到来前我们经常会用抹布抹干净。

我不知道阿布杜尔是否也这样费力地打扫他的彩带。

晚上，九点五十分的宵禁声响了，阿布杜尔让他的伙计们拉上窗户的百叶窗和铁闩。他的伙计像一堆煤灰，一副没吃饱的样子，看上去工作也不怎么尽心。

我们中有人坐在阿布杜尔卧室门前的台阶上，我和其他人靠着门两侧的墙站着。正当我们哄笑时，阿布杜尔的老婆把奶油色家用便盆里的尿泼出门外，把小林克斯和希纳淋了满身。我们在门廊前一哄而散，这个印度女人一边站在那儿用最下流的话大骂我们，一边不停地整理身上的沙丽。我发现她的肚子真的很大。在我记忆里，她的肚子就没小过，我还记得外婆对多拉阿姨说过，阿布杜尔的老婆一直都是大肚子。

可怜的小林克斯和希纳去了街上最近的水龙头那里清洗。阿布杜尔的老婆狠狠地吐了一口红黄色的痰后才回房间。朋友们在叽里咕噜地讨论，我站在那看着那痰和门廊上的尿混在一起。

"我巴不得她马上去死。"小林克斯回来的时候说。

这时，我们都盯着街上的一个女孩看。她步伐轻快，双臂挥舞，仿佛下一秒就会飞起来。

"她是谁？"莫洛伊好奇地眨了眨眼。

"笨蛋，她和她父亲昨天刚搬来。"希纳说，仿佛整个第二大街都该为这个新来的住户感到兴奋。那女孩很快走进了隔壁穆萨的店。"她的脸真漂亮。"莫洛伊脱口而出。

"嗯？"我问道。

"她昨天才来这里，却根本没问商店在哪，学校在哪，或者警局在哪！"他吐了口痰后，才说完最后两个字。

"也许她来自兰德。"一脸严肃的拉托推断。

"她知道我们是谁吗？"哈比说。

"我爸爸说，没人会问有关兰德的任何问题。"小林克斯说。

"真是个有趣的地方。"希纳不在意地总结道，他忙着挠耳朵后面，那里被尿洒到了。

"狐狸帮的，我告诉你们啊，如果她来问你们，就把头转过去，假装没看到她。"莫洛伊提议道。大家连声说："好！"

她再次经过时，我们陷入死寂，只听到脚步声和一阵嘘声。她从容地走在巴伯街上，然后消失在第二大街拐角处。

"脸皮真厚！"我心想。我好像看到其他人脸上闪过一抹受伤的神色，但并不确定。

这时我才想起该回家了。我已经在外面玩了很久，这是不可以的。大人们去了约翰内斯堡，所以现在我在家里有了一定的自由。我们就地解散，不过到家后我必须先打扫地板，擦洗家具，因为外婆和多拉阿姨要为白人洗衣服，从来没有时间打扫房子。打扫完后，我就该去印度人的肉铺买菜，点火盆，然后洗干净我们昨晚用的那两个陶罐，到那时烧粥用的陶罐应该已经泡好了。

我们经常把污水倒在街上水龙头处的排水管里。市政府对将污水倒在街上的管理并不严格，但外婆坚决要求我们把污水倒在排水管里。"如果不这样，早上醒来我们就会发现自己手上的肌肉萎缩了。"她总这样说。外婆解释道，巫婆们习惯用这种水来施展巫术，让她们讨厌的人染上腐蚀性的疾病。也是出于这种宗教习惯，外婆要求我们先在屋里放一罐清水后才能睡觉。"如果晚上我们家里有人晕倒了怎么办？"她争辩道。

第九章

小 贩 的 女 儿

她来了。她和她父亲跟我们家走得很近，他们住在第二大街南段。

"他们说他很有钱。"莱博娜对外婆说。每次要宣布什么惊人的消息时，她总会从对面过来。"他看起来不像是有钱人，上帝才知道怎么回事，希比拉。"

"你总关注这些事，是不是？"外婆笑着说。莱博娜笑得前俯后仰，背挺得直直的，干瘦的手直拍大腿。

"你又拿我开涮，你这邪恶的女人。"莱博娜说，"说实话，他女儿很可爱。但我过去打招呼时，看着她的脸时——以我在自由国度安息的父亲伊莱沙和母亲拉贝卡的名义，上帝保佑他们——我对自己说，这女孩就像狡猾的猫，会抓伤你，会吸你的血。我不确定说得对不对。"

"哦？"

"我对她父亲说，很高兴见到他们，希望他们能在这平和的街道上快乐生活。你知道吗，希比拉？"

"嗯？"

"这个小女孩，他们好像叫她雷沃内，对，是叫雷沃内，她就直直地看着我，希比拉，直直地瞪着我。知道吗，她好像在说，如果你敢碰一下我父亲，我就把你的眼睛挖出来！"

"你不会碰他，对吗？"多拉阿姨问。

"胡说八道，多拉，如果我丈夫乔阿斯的灵魂看到我这样，会说什么？可怜的人，他才过世四年！"

"你是说你太老了，配不上迪库·迪卡吗？"

"哈哈哈！听听你女儿说的话，希比拉。她总嘲笑我，哈哈哈！"

莱博娜离开后，外婆说："这个女人啊！哪天我们能从她嘴里听到重要的消息，母猪都会上树了。"

"但是我们听过啊，妈。"阿姨说，"记得去店里喝咖啡那次吗？艾捷基！"我知道我该回避一下了。

雷沃内的父亲叫迪库·迪卡，我们总把他的名和姓一起叫，因为这组成了一个简单的句子：羊在哪？①搬到第二大街时他大概四十岁。雷沃内和我们年纪相仿，十三岁左右。她父亲身体强壮，

---

① 南非语中，"迪库·迪卡"是"Dinku Dikae"，在当地语言中的意思是"羊在哪？"

肩膀很宽，一双铁臂。他的声音总让我想起莫帕能山林间的阵阵回响：犀利、冰冷、令人生畏，也让人安心。

这对父女完全不同，但我总觉得这个像猫一样的纤弱女孩和她父亲一样富有激情。他们现在住的房子本来是一个女人的，后来那女的走了。自我记事以来，那女人一直独居。听别人说，雷沃内家从她手里买下了这间房子，之后雷沃内向我证实了这一点。

不久他们有了一辆手推车，他们还特意在院子宽敞的一侧搭了个棚。迪库·迪卡开始贩卖水果蔬菜，雷沃内和我们一起上五年级。慢慢地，我跟她熟悉起来，她并没有因为太害羞而不想交新朋友。事实上，学校里的每个人都认为她有吸引朋友的非凡天赋，根本不需要她去巴结奉承别人。班上有些女生非常嫉妒她。但雷沃内战术高明，一些人为她保持沉默的意志和魅力所折服，另一些则为了获得她的注意和青睐展开竞争。很快就有人说她来自里夫，后来这一说法也被证实了。

雷沃内的眼睛又大又黑，仿佛随时会跳出眼眶，我常常幻想把她的眼睛当弹珠玩。她的腰细得让我想到黄蜂。莱博娜对此嗤之以鼻，半幽默半不耐烦地说："那只小黄蜂，希比拉，谁知道她哪天就到我们耳边嗡嗡嗡了！小心点！这是我的直觉。"

雷沃内确实蜇人了，但那是后话。

一天下午，盛夏的高温让我们昏昏欲睡，头昏脑涨。我写了张小纸条"我爱你——艾捷基"，然后让我后面的同学传给离我两排远的雷沃内。迷迷糊糊中，我等待着她的回复，实际上我觉得她不会给我回复。我们在抄黑板上的历史笔记，这是我最讨厌的苦差事之一。抄到"塞赫赫尼"时，因为心不在焉，这名字我涂改了好几回，最后几乎成了白色练习本上的一个黑块。我正心想"塞赫赫尼啊塞赫赫尼，如果你不反抗布尔人——你会做那么疯狂的事，布尔人真痛苦——"时，耳朵后面被重重地拍了一下，我感到一阵刺痛。我好像听到有人在叫我的名字，而且发现同学们都在哈哈大笑。我回头看，发现雷沃内正回到座位上。我们对视时，她噘起嘴朝我发出愤怒的嘶嘶声，就像发怒的蛇一样。这个动作只有非洲女孩能做到。

"后面在干什么？"老师抬起他那颗向酷热俯首称臣的脑袋问道，眼睛看上去就像狗狗悲伤的眼睛，然后他又像狗一样趴回到原来的姿势。我痛得眼泛泪光，而这给我注入了新能量，让我抄完了仿佛无穷无尽的历史笔记。

之后几周，放学回家路上帮雷沃内扛书成了我的习惯。她跟我这个困惑的少年谈了很多约翰内斯堡的事，我们通常把那地方叫作兰德①。

---

① 兰德以金矿闻名。

第十章

莱博娜

.

"她在那儿!"非洲人说一个人"在那儿",意思是你不得不感受到她的存在,你不得不时时刻刻铭记一点:她已经出生,是个有血有肉有思想的人。

"婆婆要履行重大的职责,为伟大的思想而活。"莱博娜过去常这么说。我记得她大概五十岁,瘦得像个鬼,胸部平坦,全身由紧绷的线条组成,仿佛某一刻会啪的一声断裂,给整个小镇带来混乱和地狱之火。我记得她总是披着披肩,迈着悠闲的大步,从第二大街的这户人家逛到那户人家,把自己的建议强加给一对对夫妇。她的言行举止,好像在说她就是上帝认定的唯一一个好婆婆。

她看你时,会打量你全身,然后再盯着你的眼睛。最让她引以为傲的一点,就是不论对黑人还是白人,她总是先打量他,然后再看他的脸。现在的非洲妇女都不敢看男人的脸，更不用说打量他们全身了。因此，和莱博娜差不多年纪的妇女认为，这体现了她大无畏的品质。

"一个好媳妇必须服从她的婆婆，能洗衣、做饭，能把房子打扫干净，并把孩子照顾好。"她总是这样说，"但现在做儿媳妇的年轻女孩，呵呵！又笨又顽固。"有不同意见的人会在莱博娜离开后对其他人说："哈，你说什么她都不会听。"其他人都点点头。

"萨洛米的儿子和那女孩结婚了，到底看上她什么？"莱博娜对外婆说，"我去看过他们，想多了解这个儿媳妇。"

"怎么了？"外婆边问，边往正在洗的白人衣服的衣领上吐了口唾沫。

"我说她太懒了。年轻的女人应该出去工作，要么就去洗衣服帮她丈夫赚钱。她连饭都不会烧。"

"现在的女孩里你见过会煮饭的吗？"外婆说，兴致勃勃地又吐了口唾沫。这话题很对她胃口："布尔人会做饭，还教会了我们做饭。不知道他们现在还会不会。"

"年轻的妈妈应该多带孩子出门。"莱博娜说，"那时候我经常带乔尔去网球场。我跑来跑去打网球的时候，他就待在小推车里等我。"莱博娜总喜欢给外婆和多拉阿姨挠痒痒，双手左右轮流挥动，就像双手都能打球的运动员那样。

"骗子！"莱博娜走了以后，外婆往肥皂水里吐了口唾沫。

多拉阿姨说："但是，妈，你不觉得莱博娜家的乔尔看起来很傻吗？也许就是因为网球网给他的脑子造成的阴影。"

谈到网球，莱博娜总试图说英语，这令老年人厌恶和蔑视。她老说她以前是老师，在离镇上八英里的凯尔纳顿学院接受培训。"我当老师的时候……"她总拿这句话做开场白，这足以让其他妇女妒火中烧又自惭形秽。如果莱博娜做了什么好事，那是因为她当过老师；如果她解决了什么事或者没参与朋友的恶意冒险，那是因为她当过老师；如果她幸运地意识到自己做的事是错的，庆幸没有让情况变得更糟，那还是因为她当过老师。

我听多拉阿姨跟一个朋友说过，莱博娜结过两次婚。第一任丈夫跟她生活了三年后，"结束的铃声响起了"，这是非洲人对婚姻关系破裂的说法，之后他就消失了。莱博娜对第二大街的一个弃妇这样说："你看，你要是对男人好，就像我对我的第一个男人一样，什么事都替他做，给他做饭、补衣，告诉他如何保持整洁，让他干干净净，让他舒舒服服，结果他却离你而去！就像我的第一个男人一样！"

第二任丈夫和她一起生活了两年。因为怀疑他出轨，她一直烦他，还跟踪他、监视他整整两年。多拉阿姨觉得他一定后悔和她生了女儿。"他一定很后悔，留下了让他不断想起莱博娜的东西。"

第三个男人没和她在教堂结婚，也没到民政局登记。按非洲人的说法，"他们只是住在一起"，仿佛缔结民法里的婚姻对他们而言是爬一堵光滑的墙。他们在一起十年，生了个儿子，叫乔尔。

有一天，她对男人说："老头，你有钱，而我有脑子。"于是，麻烦来了。男人扬了扬眉毛，心里做好了准备。多拉阿姨继续转述："'我们可以去买一辆旧电车，你知道的，就是市议会扔在韦尔德斯库的那些。我们把它漆好，就可以在这儿开一家咖啡店了。'男人认真考虑后，答复他没钱实施这种疯狂的计划。"

"莱博娜反复提这事。"多拉阿姨说，"她一直追在男人屁股后面逼他，最后逼得他彻底烦了，就从家里搬了出去。从那以后就没在马拉巴斯塔德见过他了。"

莱博娜在第二大街上来回走了很多趟，说："男人太蠢了，你懂的！你根本看不到他们脑子里有任何聪明的地方。"

一些男人说："那男的竟然被那女人养了十年。"

"想当初他钻过她胳膊底下走过来时，我们就朝手上吐了唾沫，指天发誓，如果他们能在一起五年，鳄鱼都能生出一头鹿了。"

多拉阿姨继续说着莱博娜的往事，而莱博娜继续管教着她的儿媳妇。

莱博娜的女儿大概二十二岁。和她同母异父的弟弟一样，她只读到了八年级，因为没通过考试。"他们的母亲对他们失望透了。"外婆对她的朋友们这么说。

"我两个孩子都在凯尔纳顿中学读书。"莱博娜过去常跟邻居这样说，同时伸出两根手指，"一些傻蛋认为供孩子读完中学很简单。其实不然，你必须不停地工作、工作、工作，对柴米油盐斤斤计较，穿德国产的劣质衣物。等他们去福特海尔的时候，我真不知道我该怎么办！"福特海尔位于开普省，是南非唯一一所非白人大学所在地。这所大学的学生可以拿到艺术、科学、经济学或教育学文凭。她叹了口气，绝望地拍拍手，双臂无力地下垂。莱博娜这么说时，外婆点了点头，内心暗自欣喜，因为她已经送一个儿子去彼得斯堡的格雷斯迪厄师范学校读书了。"他们当然不懂了，莱博娜。他们的孩子只能站在商店的门廊边，就像一只不知该去哪儿躺着的狗。"

"就像那个刀哥，就让手一直烂在口袋里。"莱博娜总结道，轻蔑地挥了挥手，然后把手放回到屁股上，让这事有了定论。

"孩子们去福特海尔后，"老拉梅兹说，"保佑我不要再见到莱博娜。"

大家都知道莱博娜的女儿恩卡提和儿子乔尔都是在严格管教下长大的。但相较于乔尔的谦卑乖顺，恩卡提被认为叛逆自负、牙尖嘴利。

"她现在想要管教自己的儿媳和女婿了。"多拉阿姨对住在第五大街上的朋友说，"凡是向她女儿求婚的，她都想把他雕成自己想要的样子。那个追求恩卡提的是个好孩子。但他告诉我，他不喜欢那个老女人像打量奶牛一样打量他。"

"恩卡提对这事怎么说？"朋友问道。

"'我们马上就可以离开这所房子了。'她不停地说。他告诉我，莱博娜对她女儿说：'你的追求者太安静了，不符合我的标准。这样的男人不能信。他坐在那儿就跟大山一样沉默，基本不说话。'对这个男孩，她是这样说的：'你要知道，我永远不会像你一样坐着一句话也不说。在你这个年纪，我经常会让别人专注地听我说好几个小时呢！'"

这两个年轻人结婚后搬到了第十四大街，他们的房子有两个房间。

"我跟他们说了很多次，让他们和我一起住。"一天莱博娜对外婆说，"毕竟他又不是从印度人后院的垃圾堆里把恩卡提娶过去的。但他们像河马一样死脑筋。我的天啊，这个人，他以为自己是谁？一个乳臭未干的臭小子，居然敢对他的妻子说他不能忍受丈母娘的管束。"

"你女儿怎么说？"外婆想知道。

"她觉得她已经属于别人了，她这个异教徒居然还对我说'又不是和自己的兄弟结婚'。知道吗，希比拉，我现在老了，黑人夫妻已经生不出以前的好女孩了，跟我还是姑娘那会儿不一样了。那时父母亲命令我们而不是请求我们，第一个孩子必须在女方家里出生。不，恩卡提和她丈夫不会这样做的，他们不会这么做！"

无论何时见到恩卡提，莱博娜都会说她男人不尊重老人，从来没有年轻人像他那样，连老人也不会用这种方式跟她说话。"恩卡提这孩子就和她父亲一个样。"莱博娜说，"但就像太阳总会升起，祖先的愤怒终有一天会惩罚他们。"

我不知道惩罚是否已经降临，但我知道大部分受过教育的非洲人都声称信仰基督教，但十个里有八个都仍然坚信祖先的神灵。他们并不会谈及这一话题，但在寻求道德指引、灵感和希望时，在我们灵魂深处，我们探寻着与祖先的神灵建立某种联系。

外婆和其他大人需要出门几天时，我们经常去对面的莱博娜家睡觉。在这段时间，我意识到莱博娜的儿子乔尔是多么崇拜自己的母亲。虽然我还是个小男孩，但还是为他在母亲面前像只温驯的小狗而感到尴尬。他总说："好的，妈妈。""我会的，妈妈。""好吧，妈妈。"莱博娜生气时，他马上问她是什么惹她生气了，然后哄她开心。他的妻子是他母亲为他挑选的，是他母亲老朋友的女儿。

"不，孩子，那个炉子不干净……""不，孩子，你的坐姿不能和在家里一样随便……""不，孩子，煮卷心菜不用放那么多水……""你的洗脸毛巾需要煮一煮……""乔尔不喝茶的，他要喝加了牛奶的开水，而且水和牛奶都要热的……"

我只在莱博娜家喝过加了很多牛奶的水，当然去郊区看母亲时也能有这种待遇。

莱博娜就这样发号施令。她干净得就像白人家里的猫，我外婆也一样。"她觉得自己是白人。"我的家人常这样说。还有人说"她想模仿白人的吃和穿""她像个白人一样跟我说话""即使她是白人，我也不会理会她的要求"或者"真没想到，她觉得自己是个白人！"莱博娜只是非常喜欢干净而已。她的铁皮屋有六间房，早上她从不会让自己的三个房间或门廊脏上那么一会儿。她总把肉从沸水中取出后重新再洗，对所有的家务活也非常关注。乔尔的妻子安娜对她言听计从，就像所有的新娘在结婚那天都听从叔叔婶婶的指令一样。

"安娜快要崩溃了。"多拉阿姨对家里人说，她好像早料到会这样，"我去借白糖，听到她和莱博娜吵得不可开交。乔尔这只小绵羊只会不停地说，安娜别和母亲吵。没人帮安娜，不知道你还记不记得安娜怀孕时，莱博娜对她吃什么草药要求很多。可怜的安娜好像也不知道该怎么办才好。"

"我只能说活该。"外婆边说边剔了剔牙，把脏东西吐到手帕上。那块手帕是从一块餐巾上扯下来的。"我很厌恶那些大晚上在路上裸奔的巫师。运气好的话你会看到你的这些朋友在微笑，却不知道他们会变得多邪恶。一旦有新生命降临，就会有朋友想要毁掉它。朋友，朋友，朋友！不要以为所有人都像你一样期待孩子出生。而且孩子也不是有钱就能有的。我母亲对我用了草药，我对你们也都用了草药，将来你们也必须这样对你们的孩子。上帝给了黑人医生白人没有的智慧。"

　　莱博娜的家庭纠纷最后变成了一桩人尽皆知的丑闻。她肆无忌惮地对邻居细数儿媳的过失，比如粗心大意、不尊重她等。安娜听到这些后告诉了乔尔，让他也知道这些。在对多拉阿姨诉说时，安娜满脸泪水。

　　"她竟然真的这么做！"多拉阿姨说，好像早就料到会有这标志性的情节。

　　"谁?"多基尖锐的声音响起。

　　"安娜，她打了她婆婆一耳光。"

　　第二大街的每个人都很震惊，大家议论纷纷。有些人点了点头，说："这对莱博娜来说是好事。她遇到对手了！"

　　"太邪恶了！"老拉梅兹叹息道。

　　"等着吧！"其他人说，"等着就行。会有真相大白的一天！这也太奇怪了。"

　　一天，安娜又打了她婆婆一巴掌。街上传言说，乔尔下班回来后一听到这消息，就勃然大怒。知情人最后说道："那个可怜的男人，真是娶了只母老虎啊！这就是城里长大的女孩子。"

　　"她走了。"多拉阿姨说，"她走的时候亲口告诉我，她已经为这样的生活竭尽所能。她说乔尔永远留不住妻子，因为他的妻子同时还要做他母亲的妻子。如果可以的话，他母亲都可以为他生孩子了。"

　　"这女孩是异教徒。"外婆总结道。

"乔尔就是这么叫她的，还叫她怪物。安娜对我说，'多拉姐姐，那个女人为了让我嫁进来，做的事情比她儿子还多。'"

我们都期待着乔尔和库库的第二次婚礼。她很美。"又是莱博娜一个朋友的女儿。"外婆说。

钟声响起。教堂里挤满了人。婚礼十一点整开始。女孩子们凑在一起讨论嫁妆，靠在对方的肩上窃窃私语，好像在监视整场婚礼。牧师已经就位，新郎也到了。空气里弥漫着令人窒息的期待。

她的车可能迟了……或许是一只鞋不见了……或许正在找别针……又或许新娘不太舒服，在等护士……哦，好吧，一场颇费周折的婚礼才会预示着美好的婚后生活，不是吗？……人们开始窃窃私语。十一点半，十一点四十五……门口传来响亮的悄悄话。人群发出一阵惊愕的嘘声，连牧师也面露不悦。一阵嘈杂声后，新娘似乎到了。我们一次次伸长了脖子往外看。讲悄悄话的人也越来越多。

美丽的库库并没有出现。

据说一辆挂着"TJ"牌照的车子从约翰内斯堡出发，将她从家里接走了。

"年轻人像子弹一样冲向黄金城①，一去不回。只要有人感兴

---

① 即约翰内斯堡。

趣，他们就会被带上车。"外婆这样断言道。

"上帝最清楚，其实乔尔并不适合那个可爱的女孩。"多拉阿姨说，"婚礼前一晚我梦到虫子时，就知道事情不妙了，而且那天的月亮周围还有一个光环。"

第十一章

酒瓶子

在我的记忆中，马拉巴斯塔德与冬季密不可分。铁皮屋和木屋东倒西歪，笼罩在炭火盆散发的浓烟下。被称作"大街"的街道从中间斜穿而过，道路尽头是被篱笆包围的市政种植园和排水管。从排水管尽头袭来阵阵异味，久久消散不去。露水从屋顶滴滴答答地落下，在房子上留下岁月的刻痕。店主冯·普拉克是华人，他步履蹒跚地走向阳台，苍老的身体蜷缩着，仿佛承受着可以忍受的慢性胃痛。阿布杜尔走了出来，双臂环抱，嘴里不停地嚼着东西，好像一不嚼点什么，就会迎来死亡一样。这就是冬季的马拉巴斯塔德。

对那些需要我跑到郊外为其取衣物的白人，我记忆犹新。其中的一位戈德史密斯先生是个中年人，有着一张大红脸，和多拉阿姨的丈夫一样，在博物馆工作。他本来开车上班时就可以顺便将衣服带到上班的地方，而我只需要到市中心的博物馆取走就好。但他也许从来没想到这一点。他很会发脾气，每次敲门无人应门时，我就会转身去敲窗，而他总会大声咒骂。我在窗下等他时，他会开窗将那捆衣服直接砸向我，然后猛地把窗关上。几个月的努力后，我终于看清了他的脸。他似乎总是有意避免直视我。月底他会丢给我一个装有十二先令六便士的信封。如果我提醒他工资的事，他就会不停地小声抱怨，转过身，不知从哪里掏出钱，然后伸长胳膊递给我，好像根本不在意那钱是否会掉进我手里。

雷尼克夫人是阿非利卡人，胸部丰满，头发蓬乱，双手肥胖。她的脖子很短，屁股也不结实。"孩子，"她常在月末这样对我说，"告诉你母亲我明天会给她钱。"她所谓的"明天"通常是工资结算日后的任何一天。我们常把她称为"莫康"（意为"明日再说"）。这词也可指白人农场里巨大的工作量，黑人男女和孩子每天都得干活。

福斯特小姐是个酒鬼。她看上去非常老，常向我抱怨一些跟我毫无关系的事，比如房东啦，天气啦，隔壁邻居在周末演奏阿非利卡音乐"波尔慕兹客"时发出的噪音啦，她在约翰内斯堡的哥哥没给她寄钱啦……我们叫她"酒瓶子"。她每周都会让我在回家的路上去城里的酒馆为她买酒，每次给我一先令的报酬，所以我并不在意这多出来的一点小麻烦。多拉阿姨经常抱怨她内衣上的污渍，"好像还嫌我洗的餐巾不够多似的。"她说。

　　我永远记得辛格家的宠物狗，以及他家为那条狗小题大做的态度。辛格太太在整理要洗的衣物时，会让我在厨房等着。他们把家里二十五岁左右的女仆称作"女孩"，让她早餐后给宠物狗喂新鲜的茶水。我常坐在那儿，闻着空气中咖啡、鸡蛋和进口火腿的香气直流口水。辛格夫人经常骂女仆没有好好照顾宠物狗。一天，我发现他们家换了女仆，前任女仆因为打宠物狗而被解雇了。自那以后我就没有好好对待过宠物，并抗拒养宠物的想法。在家里，我们称辛格夫人为"乔巴洛"，就是"泼妇"的意思。

　　公交车的引擎在冬日早晨的寒气中震颤着，发出轰鸣声。马拉巴斯塔德人从家里出来，一些人弯着膝盖小跑着，好像脚底下有什么易碎的东西似的。

　　他们嘴里呼着热气，几乎没人讲话，看上去就像是被命运驱使的某种生物，在自己的蓝图中占据一席之地，以一成不变的方式沿着小镇一直打转。

　　一层层烟雾在马拉巴斯塔德上空弥漫，单调的铁皮小屋在晨光中变得更加明显。工人身上有一种讽刺意味的短暂稳定性：他们离开，正如他们会以同样的方式回归。

　　老人们蹲在火盆前，枯瘦的膝盖杵着；垂头丧气的鸟儿被扎起来等着被烤；孩子们相互推挤，都想凑到离火盆最近的地方，小下巴因冬日的寒冷而无意识地微微颤抖；站着的人一直转着圈，给自己的肚子和屁股轮流取暖。

"我还好，但实在太冷了……"

"我们家不太好，孩子们都开始咳嗽了……"

"一锅开水倒在了火盆边的两个孩子身上，刚到医院就死了……"

"这在冬天很常见……"

"昨天早上一家三口被发现冻僵在家里，火盆一整晚都生着火，他们就跟我那葬在班图乐公墓的父亲一样死了……"

冬日里的交谈就像季节的更迭一样重复着。多拉阿姨的大女儿也在那年冬天死了。她跪在泥地上暖和身体，这时一罐斜放的开水倒在她身上，后来她死在了医院里。

一天早上学校放假，我们正把网球当足球踢。一群女人在冯·普拉克店铺旁边的草地上卖冷红薯、花生和自制蛋糕。她们从比勒陀利亚北部的村庄乘坐四轮牛车，来到这附近的空地。时节一到，她们就会煮土豆或玉米卖，在附近许多地方做这样的生意。

其中一个妇女腿上坐着个孩子，裹了条脏脏的破毯子。孩子剧烈地咳嗽，她时不时地掀开毯子。

"煮点野生草药给孩子喝。"一个女人建议道。

"让他嚼点塞拉寇洛，会让他胸口舒服点。"另一个女人说。

"我儿子也咳嗽。"坐在角落里的一个女人说，"他一咳嗽，我的嗓子也跟着痒，我带他去了医院。看看他，根本想不到他会咳得那么厉害。"

"医院!"那个抱着孩子的女人叫道,"我去过一次,那些护士对我很粗鲁。他们打我的屁股,还对我大吼大叫——安妮,这样做,安妮,那样做——有谁会关心那儿的孩子呢!"

那女人一直喋喋不休。我四处看,想挑个大点的红薯,看看有什么想买的。

"你会好起来的,孩子。"那女人一边说,一边尽量让孩子坐得更舒服些。

我正享受着阳光温暖血液带来的微痛感,突然听到警察的脚步声。几秒钟内,警察冲了过来,占领了整个区域。

"已经警告你们好几次了,不要在这里卖东西。这是政府的地方,你们把这里都弄脏了。"警察中的指挥官这样说。他的声音中还带着冬日严寒引起的颤抖,脸上也带着冰霜似的冷淡,我这样想。非洲的警察还是这样的充满敌意。

"现在,这次是最后通牒。"指挥官接着说,"下次再让我碰到,就把这些东西都毁了,再抓你们去坐牢!好了,赶紧带着东西走人!"

那些警察每人拿了一个橘子和一个热气腾腾的红薯走了。

我回去继续踢球。这些女人忙着打包,突然响起一声尖叫,于是我们全停了下来。"天——天啊!"我看到那女人向我家冲去,那是离她最近的房子。我拿上她的东西跟在她后面。

我看到外婆和多拉阿姨朝她弯下腰，外婆从她手上接过孩子。那孩子已经全身无力，他母亲看起来已经傻了。

"他没死，不，我儿子没死。"她痛哭着，将脸埋在手掌中，"他一定会好起来的。等他长大了，会去上学，学会写自己的名字，还会给我写信。但我怎么看得懂他的信呢？我必须努力工作，我得多赚十先令，好给他买件毛线衫，还会给他买第二件。我男人丢了工作。他太顽固，工作时和白人吵了起来。他应该知道，不能和白人吵架，因为他们强壮又有钱。我的孩子一定没死！天啊！我的天啊！"

多拉阿姨试着安慰她，但她的孩子已经死了。

插　曲

利未家族的一个男人娶了本族的一个女人。

后来这女人怀孕了，生了个儿子。她发现这孩子长得很俊，就将他藏了三个月。

没办法再藏下去时，她取了个蒲草箱，抹上泥浆和沥青，将他放进箱内，搁在河边的菖蒲中。孩子的姐姐站在远处观望。

法老的女儿到河边洗澡，侍女沿着河岸走，公主发现了菖蒲中的蒲草箱，便让侍女们将它取来。

她打开箱子，看到那个孩子后将他抱了起来，这时孩子哭了。她很同情他，称他是希伯来人的后代。

孩子的姐姐过来对公主说："我为您找一个希伯来妇人当他的奶妈照顾他，可以吗？"

"可以。"公主接着说，"把这个孩子带走，为我抚养他，我会给你报酬。"

孩子长大后，被送到公主面前，成了她的儿子。公主为他取名摩西，因为她从水中救了他。

背诵课上需要熟记一些内容，我们必须弄懂后背下来。今天是星期六，我不能看电影，因为星期一我得站到老师面前背诵上述内容。我知道如果我星期一背不出来，他就会在同学面前对我大呼小叫，还会用鞭子抽我，这是他最爱的交流方式。我趴在警察局下面的河岸边这样想着。

我试着背诵这一内容。趴在基库尤草上，身后是枝叶浓密的杨树，树叶在中午慵懒的微风中摇动，投射出时亮时暗的斑驳光影。和大地亲近的感觉真好，地上很凉，还充满善意，你能感觉到蓝桉树的影子投射在自己身上。

在这里，在河边，我一点也不害怕。让我们替他洗衣服的白人戈德史密斯先生不在，"明日再说"的雷尼克夫人不在，"泼妇"辛格夫人也不在，福斯特小姐那摇摇晃晃的身影更不在。"大手掌"市场总管离我也很远，虽然我不知道他现在在哪。星期一之前，我都不会看到"大眼睛"校长和库兹维老师。

藏身于蒲草箱中的摩西在水上漂浮，藏身于篮中是多么美妙啊！如此自由，如此可爱！他有人疼，有人摸，公主一声令下就能让他得到所有想要的东西。如果我在杨树间发现了他，会怎样呢？跑到警局去报告这件事？不成，他们会逮捕我，还会把我关起来。就像我在一张破报纸上读到的那样，一个人因为口袋里的一小块金子被抓了，他觉得那块金子既然是他捡到的，就是他的了。把他带到外婆那？不行，她会不停地抱怨。她会说："我们没有东西给他吃，但这是个好孩子。虽然我不知道，但天堂里的上帝知道我没法再多养一个人。所以，上帝为证，我觉得你该把他送回到发现他的地方。不，上帝会赐给他食物的。除了考验我，你难道就没别的事可以做了吗？"

可怜的母亲！为什么她不是国王的女儿呢？为什么她没把我从杨树边的水中救起？如果一个婴儿能在那样的湖中被救起，他一定也能在这样的河中被救起。老师很快读完了前两个诗节，然后让我们自学第三诗节。有人笑了。"这女的怀孕了……"他迅速说道，紧接着皱起了眉头。"老师，为什么我们不学头两个诗节？"雷沃内问道。"这是《圣经》，不是电影故事，"他答道，"不要问怀孕是什么意思。因为这是《圣经》，就是这么回事。"

把这些片段拼凑起来又有什么用呢！我是指我的生活片段。

它们只是一团乱麻。父亲的样子在我脑海中不断浮现，却越来越模糊。我只记得他的尖刻、粗暴和冷漠，就像祖母一样。就连他走路时跛脚的样子也透露出冷酷的味道。还有火炉的煤油味、煮沸的土豆和咖喱的味道。

这是星期天的早晨，主角是他的母亲和大山。这位老妇人坐在后院，编着一张睡席或是外面吃饭时用的席子。一会儿，她又弯着腰，用石头磨着谷粒，肩膀充满了力量，富有激情却又无情。那不是能让人安睡的肩膀。然而，这幽灵般的景象马上就消失了，消失在阴郁的乌云和倾盆的大雨后，消失在山羊惊恐逃散后。突然她又回来了，正鞭打离群的山羊那几乎赤裸的后背。一条阴云密布的回家之路。

列肖那河，回家的必经之路上一条凶险的河。无情的河水拍打着河岸，宽阔的水面裹挟着大卵石和树木，就像是恶魔开的玩笑。深灰色的河水在面前翻滚，你站在离水面不远的地方，你不敢再走近，也不敢多凝视。河水震耳欲聋的怒吼和滔滔不绝的号啕响彻整个河道，仿佛在说"满了，满了"。也许有一天这条小阿皮斯河会变得像列肖那河一样大，也许很快就会。我好像听到了河水有力的咆哮，吓了一大跳。不，无须害怕，列肖那河就是那样。我们在白色的沙滩上开心地玩耍，到处打滚，感受沙子带来的微微发麻的温暖感。突然，我们听到河水冒泡的声音，但那时有人已经被卷走了。我们惊慌地跳开，发现底层的水流已经漫上来。我们怕得喘不过气来，但还有人在傻笑。这么可怕的事情有什么好笑的!

　　尖锐的警笛声响起。我的肋骨因为躺得太久隐隐作痛。夕阳西下，我必须回家了，也许洗罐子的时候我应该背诵蒲草箱中的摩西的故事。

第十二章

隔壁的巫术

多拉阿姨二十五岁左右，性格泼辣，身材粗壮，很会打人耳光。她严守规则，要求任务保质保量准时完成。另外，她牙尖嘴利，光凭一张嘴就能将拖欠酒钱的男人骂出门外。她不在时，我负责卖啤酒，她回来后一下子就能发现我是不是在口袋里偷藏了一两个先令。

我们把麦芽这种小米状的东西和温水混在一起，装入圆桶或四加仑的煤油罐里，然后放进一点酸玉米面，静置一整夜。待它发酵变酸后，放在火上煮沸，之后静置冷却，再过滤，残渣卖给有马的人，比如小贩迪库·迪卡。过滤是制作过程中最富技巧也最刺激的一步，每个人都必须提防任何手电光的出现，或者要把耳朵贴到地上听脚步声。尽管多拉阿姨身材粗壮，搬进搬出的动作却非常敏捷。她屁股很大，壮实的手臂动得像活塞那么快。她的厚嘴唇体现出她的专注，她的腿形优美，脚踝附近的线条平缓地由粗变细。她穿着围裙，胸部因此变得硕大醒目。她的头型像我母亲的一样好看，头发是黑色的，长度不及我母亲深棕色头发的一半。她肤色较黑，我母亲比较白，随时可以冒充有色人种通过检查。多拉阿姨能很快完成啤酒酿造的所有工序。她过滤时，屋子里总是很紧张，我必须站在外面盯着，看是否有警察，任何错误都会招来被鞭打和被打耳光的惩罚。她会朝惹怒她却不以为意的人扔肥皂，从第一大街到十四大街的人都叫她"第二大街的多拉阿姨"，一个能把男人扔出篱笆的女人。如果她说"拿到戈德史密斯的钱，否则你就不用回来了"，那么她不是在开玩笑。她最爱说"爱是如此现实的东西，只有钱才买得到。而我不会爱一个不爱我的人！"外婆赔着笑表示赞同。

在拖账方面，她非常大胆，善于运用智慧从债权人的天罗地网中找到出路。她欠纺织品小贩奇派尔的钱，他的名字是"不贵"的意思。每次在奇派尔那儿买东西，他就会用铅笔在房子后面的铁皮墙上写下数字记账。我不知道他有多依赖这种记账方式！他来家里收钱时，多拉阿姨常躲到厕所里坐着。这时奇派尔就会走到厕所门口，用一种冷淡的语气说："多拉，多拉，你要在厕所里坐多久？"尽管如此，这个印度人还是会把新玩意卖给阿姨。他说："我知道你会付钱的，大姐。"

多拉阿姨的丈夫的性格和她截然相反。他总是慢条斯理，从不会因为阿姨的怒气眨一下眼睛。我发现他这样只会让阿姨更为恼火，而她又把这怒火发泄在我们身上。她丈夫又高又瘦，他的慢条斯理足以将阿姨打败。

我两个舅舅都进了寄宿学校，外婆对很多人都吹嘘过这点。另外一个舅舅还在家里待着，等其中一个舅舅完成学业后也会被送去寄宿学校。

外婆笃信宗教。她五十多岁，看起来还挺年轻的。我不知道外公怎么样，我们还在彼得斯堡时他就过世了。每个人谈起他时，都流露出很喜欢他的样子。他应该很讲规矩，那些规矩在路德教会确实曾风行一时。我之所以知道这些，是因为外婆很喜欢引用他的话，外公是自学成才的修鞋匠。

外婆治家的严厉程度完全不亚于外公，天黑后我们不可以在街上逗留，除非有特别的事或获准参加晚间的教会活动才可以。晚上参加教会活动是我们的习惯之一。"这是你们外公的规矩。"外婆严肃地说。

每天晚上我们都聚在卧室里祷告，每天早上起床后的第一件事也是祷告。在祷告最后，外婆会带领我们背诵主祷文。那时我们通常已经困得要靠着膝盖睡着了。外婆对朋友爱得深切，对敌人恨得刻骨。如果她不喜欢我们同学或玩伴的父母，会直接告诉我们，并且不让我们与他们建立牢固的友谊。她的坦率总是让人尴尬。"你是谁？"她总想认识来看望我们的每一个小伙伴。她会说："你父母是谁？""你上教堂吗？"她可能还会这么说："我希望这是我最后一次在这儿看见你。"

一天早上，她和她口中的"隔壁女人"吵了一架。"呸！"外婆嘘道，还往房子中间的过道里吐口水，以显示她完全的蔑视，"也难怪，你母亲是什么人啊？连别针是什么都不知道，只会用含羞草的刺别住自己的衬衫。她是异教徒，从来没拿过新娘该拿的钱。你们会一直穷下去，吃狗吃的东西和老鼠肉！"

就算这样，她还是很尊重隔壁家的男人，他是酋长的儿子，虽然他无法继任酋长之位。他挺庄重的，在我看来还挺像个酋长，隔壁女人是他的小妾。外婆常带着敬意和他打招呼。"塞拉尔"是他们部落的美名。有两大事实可以证明隔壁的女人不是个好东西：我外婆说她"是个异类"，因为她话很多；她还"走夜路"，意思是说她练习巫术。

多拉阿姨的第一个孩子生下来后，就病得很重。一天早上我们发现院子里有只龟。多拉阿姨非常愤怒，又非常害怕。隔壁女人坐在她家外面，胖得就像盛满玉米面的袋子似的，瘫坐在驴背上。她斜睨了我们一眼，所以我不确定她是否直视着我们房中的过道。但可能多拉阿姨觉得她这么干了，于是多拉阿姨在院子里顺着两座房子间的篱笆来回踱步，就像一只困在笼子里的母老虎。

她劈头盖脸说了一些尖酸刻薄的话，完全不怕隔壁那女人。而她的敌人始终面对我们坐着，将手放在火炉上烘烤，从某种程度上来说这也蛮有挑战性的。为了引起隔壁女人的注意，多拉阿姨的话越来越有针对性了。那女人还是面朝我们坐着。她的脖子相当短，头和身体就像两块垒在一起的石头。她维持着这种姿态，看上去既像是清楚那只龟的内情，又像是一无所知。她这样的态度越发激怒了多拉阿姨，于是多拉阿姨说："她们像孵蛋的母鸡一样坐了下来，装作什么都不知道！如果我的孩子死了，有人会吃了她！该死的！这些女巫让你两腿间感到灼热。"

我永远无法忘记阿姨是如何组织这番长篇大论的激烈咒骂，然而这就像是把潮湿的木头置于火上一样无济于事。隔壁的女人看上去很窘迫，并且避免和坐在后门廊的我们对视。我不知道是否应该对她表示歉意，因为我也莫名怀疑她与我们院子里的那只龟和多拉阿姨孩子的病脱不了干系。我对巫术有着强烈的恐惧，因为莫帕能给我灌输了这种想法。

多拉阿姨的丈夫比她冷静沉稳多了。多拉阿姨总是用一种会在别人耳朵里留下回响的方式说话，就像煎牛排时飞溅的油脂。她丈夫说话却很平稳，而且不会贸然开口。他的任何话，都不会引起听众的痛苦挣扎或恐惧战栗。但同样的，他也无法用强大的智慧打动一个人。

但他还是会被激怒，因为他手无寸铁，任何靠近他的人都会被视为去欺压他。出乎大多数人的意料，阿姨对他的话洗耳恭听。她经常说："裤子里的东西对我来说意味着什么呢？我可以用我的小指头颠它，或者把它扔到泥土里滚来滚去，直到它一钱不值。"
她是说真的。家里人一致认为某种程度上她是这个家的护卫者。
然而，她的前十八年是在乡下度过的。

我知道她利用了我母亲沉默的本性，把我父亲走后母亲保管
的陶器、亚麻布还有其他东西都拿去用了。她曾经对我母亲说：
"如果那个跛脚狗摩西娶了我而不是你的话，他会在我们关系完蛋
时看到成群的秃鹫。"

一方面外婆很爱干净，另一方面周末和星期一早上的厕所看
上去的确又恶心又脏，我们每次都要花许多精力用消毒剂把里面
擦干净。尿桶在这些日子总是很满，令人生厌。地上一大摊尿液，
因为有很多喝醉的客人来过。厕所背面和边上的污渍，我们早就
放弃清理了。客人们时不时地出来，头昏眼花的他们走到厕所的
背面或边上，头抵着手臂靠在墙边小便。他们吐着唾沫，好像对
自己尿出的东西心怀怨恨。我们从未将蛆的数量维持在一个较低
的水平，它们总是在厕所背面的黑泥中顽强地蠕动。

除了我们自己，住在家里的四个租客也酿造和贩卖啤酒。祖
母从不允许任何人酿造斯科奇酒，这是一种非法的烈性酒，足以
把最强壮的人灌得烂醉。这种酒是经过捶打压缩后的酵母在温水
中发酵的产物。它是致命的，然而还有比它更致命的啤酒：比如
凤梨酒（发酵的凤梨混合物）；赛博派马森克酒，它会让你倒在篱
笆上；巴伐罗邦腾酒，它会让你厌倦生活，其中一些酿造混合物

含有变性酒精。家酿的啤酒由纯麦芽制成，这些麦芽是印度人和华人贩卖的。一个人只有喝了很多杯后才会醉，但大多数客人买啤酒喝的目的就是买醉。

租客每月的房租是一英镑。马拉巴斯塔德所有的房东需支付十四先令的租金给自治政府，尽管这些棚屋是他们用自己的材料建造的。

年纪最大的男租客是个狂热的酒鬼，经常和他妻子的顾客一起喝酒。我们有个租客的妻子相当懒，早上一起床就靠着墙坐在太阳底下，让她油腻腻、湿答答的孩子爬上她晃荡的胸脯，她身上的衬衫也同样油腻。苍蝇在她的胸部周围盘旋，她甚至懒得赶走它们。一只苍蝇可能会从她的嘴唇爬到她的眼睛周围，但她只会毫无知觉地坐着。一天，我错进了她的房间，发现她正将自己的乳汁挤到她丈夫的茶里。她太懒了，不愿像我们一样到街上站着等路过的送奶工。"她的生活需要一些鞭策。"外婆这样评价她，同时又冷静地补充道，"她十岁的时候肯定还没断奶。"

/ 第十三章

"大眼睛" 校长

卫理公会学校和马拉巴斯塔德的其他宗教建筑一样简陋。这里有非洲卫理公会主教会学校、荷兰归正会教会学校和圣公会学校。独立派的路德教会只有一座陈旧的教堂，没有开设学校。其他独立派也有教堂，他们把场地租给学生过剩的卫理公会和非洲循道卫理公会学校。因此，只招两个年级的幼儿园和我们学校的主建筑楼不在一处。

教堂大厅由铁和木头建成，一、二年级和五年级的学生就在那儿。此外，还有一个独立的砖砌小礼堂，由三、四年级的学生共用，没有一个班级有单独的教室。另外，还有一个铁木结构的旧棚屋，看起来随时会散架，是给六年级的学生用的，六年级是小学里最高的年级。所有建筑都是木地板，地板松动了，走过时会发出刺耳的嘎吱声。

每个班都是三个人一起使用一张小课桌。黑板挂在屋檐下，上面的漆剥落得厉害，但老师们还是保留了写板书的责任感，在黑板的显眼处书写，尽量写得清晰易读。在这一过程中，粉笔灰总是会簌簌地落下来。

星期一早上，是"大眼睛"校长在教堂大厅召开集会的日子，他的眼睛睁得大大的，带着不曾稍减的残暴，这点大家都看得出来。星期一对"大眼睛"校长来说是"算账"的日子，周末犯了错的学生会在全校师生面前挨打。有些人是在星期六的舞会上被抓到的，有些是在星期天下午的派对上被抓到的；有些是因为调情被抓，也有一些是因为站在角落，被他大眼一扫，被他怀疑是在调情的；还有一些是因为缺席了星期五下午的童子军游行。"大眼睛"校长经常穿得像个女的一样穿梭在舞会或晚会中，这是他抓住漏网之鱼的办法。被他抓住的人会在星期一付出惨痛的代价。他对所有的学生都非常了解，尽管我们有三百个人，分布在六个年级。

"我认为，校长就该像他那样。"许多居民说。

"他会把街上的人渣都清除掉。"另一些人说。

"是的！如今在我们跟前长大的孩子们已经不一样了。"有人说，"他们不知羞耻，不尊重父母，去哥伦比亚舞厅，还没长大就生孩子了。这个校长是来帮我们的！"

外婆很赞同"大眼睛"校长的做法，但这种赞同很快就消失了，原因是"大眼睛"校长因为我缺席学校的合唱训练而打了我。

跟警察和其他公务员一样，我们为了迎接前乔治王子，也就是现在的肯特公爵访问南非而练习合唱。那是一九三四年，我刚读六年级。当时我没能参加合唱训练，因为要去郊外取要洗的衣物。但"大眼睛"校长并不接受这个理由。外婆希望通过解释免去我的处罚。多拉阿姨向来会对影响她生活的人发起迅猛反击，她操起棍棒，在星期二早上拉着我去学校。巴伯街上的印度店主和华人店主看到我们的样子都被逗乐了，同时又十分好奇。阿布杜尔将嘴里的东西很快吐出来，身子探出阳台外，叫唤着店里的他父亲。他父亲伊莱沙透过胡须咕哝着什么。"出什么事了，女人？"中国人李桑清了清嗓子，吐了口痰。多拉阿姨只是自顾自走着，一路拖着她身后的我。

"校长，昨天艾捷基已经跟你说了他要去拿送洗的衣物，你为什么还打他？"她质问"大眼睛"校长。

"如果每个学生都告诉我一个理由，然后就不来练习，我该怎么办？"

"我现在跟你说的是艾捷基的事！你怎么对待其他学生，我才不感兴趣。"

"天啊，你这个女人！这段时间我们都不容易。要知道，我们必须在王子来访前教会孩子们唱这些歌。"

"哦，所以王子来了就不用去拿送洗的衣物了吗？他会给我们饭吃？"

"这孩子就不能换一天去取吗?"偷偷说一句,其实我宁可参加合唱训练,也不想去郊区取送衣物。我也想作为合唱队的一员,在英国来的大人物面前唱歌给一大群人听。所以站在多拉阿姨身边时,我非常希望她能换个时间让我去郊区。星期四或星期六早上都行。

"不,他非得那天去不可。"多拉阿姨果断地说,"如果你没法判断他说的是不是实话,就无权惩罚他。"

"大眼睛"校长因为震惊猛地向后仰了仰头。"我知道该怎么管理我的学校,女士。"他的鼻孔呼哧呼哧地像个风箱。

"我也可以想怎么管家就怎么管,但我不会打一个无辜的孩子,以此达到目的。我姐姐把他交给我照顾,他就像我自己的孩子一样。"

"教堂把这个学校交给我管理了,女士。"

"如果下次再发生这种事,我就向负责人投诉。现在你可以去上课了,艾捷基。"我走了,我听到"大眼睛"校长在说:"那就走着瞧。"

教会学校的负责人通常都是白人牧师,他们为城里的欧洲教徒服务。政府也会以他们的名义给非洲学校下达指令。

我还是按照之前的安排按时取送衣物。王子来访时,在旁边看着仪仗队经过赛马场就已经够激动人心了。我们还吃到了分发的小点心和冷饮。这是"非欧洲人"的事务,与"欧裔日"一样。

十五岁时我读完了五年级。我们的老师走起路来一副很笨拙的样子，他的手很长，长得他都不知道怎么摆才好，他还有一口烂黄牙。那时是我小学阶段第一次感到自信。五年级时我和雷沃内争第一，我们几乎轮流考第一，就像相互让位那样，一个人是第一名，那另一个就是第二名。

我还是很讨厌数学，阅读方面的兴趣却更加浓厚了。母亲帮佣的那家白人给了我一些旧报纸和旧期刊。母亲告诉他们我想要报纸的理由时，他们只是耸了耸肩。更重要的是，他们对此丝毫不感兴趣。我有点失望。我天真地想，如果他们真的比我和我的同类好，就应该对我这种不如他们幸运但想要达到他们的文化水平的人表示出一点兴趣，即使那种兴趣会让人出言反驳道："咦，他还会读英语！"是的，我对自己看得懂英语感到自豪。

母亲很自豪，对我的进步很自豪。除了上学必备的本地读本和英语读本两本书外，她买不起其他的书给我。我仔细翻找破损的、封面脱落的书或被老鼠啃过的、被虫蛀过的书看。在盲目阅读的过程中，我把一本破烂的《堂吉诃德》读了许久，那是很老的译本，我至少读了三遍，有些书页都掉下来了。

"大眼睛"校长离开比勒陀利亚时，有很多不太好听的传闻。但马拉巴斯塔德的家长们还是被他离去的阴影所笼罩，他们大喊："这下谁来照看我们的孩子？"我们小孩子中没人知道他离开的缘由。他没跟我们告别，只是从我们的生活中迅速消失了。我们只知道他去了约翰内斯堡工作，不再当老师。他走后，一切仿佛都空落落的。星期一的集会和其他几天没什么两样。我们在教室里吵闹时，总会瞥向窗外，期望能看到"大眼睛"校长正扫视着我们，他的下巴会搁在窗沿上，眼睛瞪得就像快跳出来一样。

来自德兰士瓦东部的一个瘦高个接任了校长一职。他比"大眼睛"校长温和多了，没有"大眼睛"校长那样洪亮的嗓门和冷峻的神情。库兹维老师还是教四年级。一位老师因肺结核去世，有些老师离职了，他们的工作由其他人接手。

六年级的我觉得黎明的曙光照耀着我。不管家中的局势如何烦乱，我的学习生涯正逐渐迈入正轨。曾经那宽广却并不耀眼的光芒逐渐汇聚起来，成了一个焦点。除数学外，我的很多科目都远超我的同学。后来雷沃内的成绩退步了三名。"跟你说了，她的学习不会一直领先的。"大我几岁的男孩子们这样说。其实我知道其中的原因，她父亲的生意不景气。市场上蔬菜和水果的价格日益上涨，迪库·迪卡都快吃不消了。我还知道雷沃内每天晚上都教他阅读、写作和简单的算术。因此，她轻易就能感知到他细微的情绪变化，她也把这跟我说了。

"你知道的，"一天她这么说，"我父亲只是单纯怕警察。如果一名警察比他的手推车先过马路，这一晚上他就不做生意了，因为他怕警察会喝止他。"

"我也特别怕警察。"我说，"在彼得斯堡的时候，我躲在灌木丛后面看着一个警察骑马经过。我总觉得他知道我躲在那里。他们的徽章闪着光，马结实又健壮。他们总能让我怕得嗓子痛。星期六晚上——你还记得那个……?"她不耐烦地点头。

"你总是什么都不怕吗?"我说。

"我吗? 我怕死。"

我们大笑起来。

雷沃内和弗吕恩萨建立了亲密的友谊。她们都没有母亲，雷沃内的母亲在他们搬来比勒陀利亚前就过世了。

为了应付口语测试，我们准备了两首最爱的诗，我至今还记得很清楚，分别是丁尼生的《半英里，半英里》和拜伦的《西拿基立的覆灭》。诗歌中字里行间透露出的英雄气概足以让我们陶醉。欧洲来的督学特别强调我们应该在背诵的同时加上一些动作，因此我们动用了各种面部表情和肢体动作，想给他们留下深刻的印象。我们是如此卖力，包括老师在内的所有人用自己的行动将诗歌朗诵变成了音乐会。我们朝着观众大喊，我们向前跳跃，展示"亚述人像山坳里的狼一样冲下来"的场景。我们在地板上跺脚，我觉得我们的嗓音都被淹没了。现在我很怀疑有多少人理解了我们的表演，其实我们自己也没怎么弄懂。我们经常请老师解释书中的一些句子，而他总是简单地回答道:"这就是诗啊，同学们。这就是诗，你们感觉不到吗?"对话进行到这里便结束了，使我们心中升起一股敬畏之情。

第十四章

哥伦比亚舞厅

重要的是，二十世纪三十年代初的经济大萧条对黑人的窘困来说似乎并不是压倒骆驼的最后一根稻草。

唯一的一条柏油路还在，警察还在这路上巡逻，白人警司那线条流畅、锃光发亮的汽车也从这儿经过。街角仍点缀着几盏路灯，屋子里却没有灯；南面种植园的污水处理中心依然传来令人窒息的气味。现在我们很少光顾杜格尔电影厅，因为菜场和高尔夫球场的零工逐日减少，白人们也不像以前那么大方：把蔬菜运到森尼赛德郊区有五英里的路，他们却把费用从九便士降到了六便士。孩子们仍在街上随地大小便，鸡仍津津有味地来啄食。

家里能吃的更少了，我们这个年纪的孩子就去印度小贩后院的垃圾桶里捡水果、面包和蔬菜吃。我们一般放学后从他们的后门进去。一些小贩很恶毒，会用粗长的皮鞭抽我们，尤其是卡西姆·哈西姆。一些妇女纵容我们的行为，另一些却从阳台往我们身上倒锅巴和水，只为寻开心。这时我们多半会抬头看看阳台，一边和她们一起笑，一边把饭粒从衬衫上抖掉，然后再回去翻垃圾。小林克斯和丹尼"突袭"了一个院子。丹尼是第二大街最顽皮的男孩，也加入了狐狸帮，我们不大相信他能把活儿干好。拉托和希纳去了穆萨的批发站，帮穆萨把一桶桶的香蕉从卡车上卸下来，报酬是一桶熟透变黑的香蕉。拉托是我们中最安静、最稳重的，不怎么说话。希纳的父母总是穿戴讲究，据说挺有钱。对拉托来说，这是相当不错的活儿，对希纳来说却不过是项运动。莫洛伊、伊萨克和我去了其他地方。伊萨克脸圆圆的，来自两英里外的聚居区班图乐。伊萨克和我们一起上学，喜欢和我们狐狸帮玩。就这样，我们狐狸帮的活动范围扩展到了亚裔集市区。

"突袭"后我们会在警察局下面的河边会合。战利品很多，包括橘子、胡萝卜、西红柿、香蕉和其他东西，所有的战利品都有点烂了。我们在警局网球场的水龙头下把烂的部分尽量洗掉，然后再吃，吃完后用干木棒顶着华人冯·普拉克院子的波形铁皮墙走一圈。他把麦芽卖给当地的商店，供聚居区的居民非法酿造啤酒。我们的小游戏惹怒了院子里凶狠的牛头犬，它一直伴着木棒在铁皮墙上发出的"嗒嗒"声徒劳地吠叫。有时我们会把战利品平分后带回家。

我们每星期两次拿着麻袋，走很远的路去西郊的市政灰场。

在那里我们四处翻拣，寻找家里火盆里要用的焦炭，回来时搞得一身灰，干裂的脚在清洗变干后隐隐刺痛，就好像跳吉格舞一样。

正是那几年，我开始意识到那个印度人比我们或其他有色人种更有钱。他跟我们做生意，却一直远离我们的苦难，对我们的苦难无动于衷。对我来说，那些年他似乎永远不会受苦，不会死，不会哭，也不会关心他人。在他的店里我们一起大笑，相互开玩笑；为了骚扰黑人女孩，他会玩弄她们的乳房。我们彼此以昵称称呼对方，却似乎永远无法进入对方的生活或分享某些东西，但那时我们并不在意这些。冯·普拉克的妻子个子矮小，一直站在阳台上，直到顾客走进商店。她站在那里，双臂交叉，微笑地看着非洲警察穿着靴子齐步经过，他们的屁股将外套后面的衣缝绷得紧紧的。她的屁股几乎没什么肉，上排牙齿露出来时，下排的牙齿就看不见了。她转身走进商店，裙子下摆紧贴在羊毛袜上，先贴在一条腿上，然后贴在另一条腿上。

我不是故意要探讨亚裔人的态度，只是觉得在一定的接触后会发现我们之间存在一定的隔阂。

在马拉巴斯塔德，在我们西边的班图乐，在六英里远的莱迪塞尔伯恩，在亚裔集市区隔壁的开普聚居区，在东边的城郊聚居区，有了其他深刻的变化。我们这个年纪的男孩子变得粗野不羁，喜欢玩刀子。很多人辍学后加入不愿工作或失业的人群中。他们站在商店的阳台上，开着粗鲁的玩笑，放肆狂笑，笑声破碎。这些人肆无忌惮地嚼着泡泡糖，吸着烟。刀哥在我们街上轻而易举就收了几个小弟。他们因为他的"名声"而狂热地崇拜他，从家里给他带来食物和钱，还经常说起兰德那些宵小之徒的精彩表现。我们觉得在黄金城的某个地方，正酝酿着邪恶的大事件，大人们将这归咎于神秘的联系。

"如果再让我看到你和刀哥说话，就用斧头把你的脖子砍成碎片。"外婆警告我们，"他是异教徒，嘴巴臭得就像倒在树上的那些污水。他父亲已经管不了他了，知道吗？他父亲也是异教徒，什么也不干，整天坐在房子里抓虱子。这个儿子整天游来荡去，用破裤子清扫神的街道，宁愿生根在垃圾桶里，也不愿努力工作。他甚至不知道教堂的哪个门朝着提多的坟墓。他们两个很快就只能吃老鼠肉和狗肉了。"提多是我的外公，她已故的丈夫。

马拉巴斯塔德似乎完全被颠覆了，所有的肮脏都被暴露在光天化日下。"世界末日快要到了。"外婆叹了口气说，"这就跟提多睡在坟墓里一样，是板上钉钉的事。我们今天看到的是上帝发怒的先兆。我年轻时，大家没有太多的仇恨。年轻人也不会像现在这样侮辱自己的长辈，就连饥荒时我们也能彼此帮助。世界已经走向末日了。"她这样吓唬我。

"胡说，希比拉。"住在第二大街南街的老拉梅兹说，"这是新世界的开始。我曾为一个叫范维克的白人农场主干活。'佩特罗斯,'他常对我说,'听着,脚下人①,一旦你的孩子去了城里,你就该知道他们走到尽头了。我儿子科斯去城里很久了,现在格里耶塔也去了,我知道他们成了迷途的羔羊。感谢上帝,他们来自正直而敬畏上帝的家庭。如果他们抛掉《圣经》的教义,上帝也会原谅他们。我已经写信给赫鲁柯克的多米尼·布林克,让他关照他们。'"老拉梅兹咯咯地笑了:"啊,希比拉,范维克是个好人,但他毕竟是老板。我到这里已经……让我数数……十加上五……有多少?……十五年了。去年我在城里见到了科斯,他手臂上挽着个女孩。他们都喝醉了,但也没那么醉。他现在成了大家伙了,你想他会认出我吗?呵呵,我拦住了他,我说:'你好,小老板,还记得从农场来的佩特罗斯吗?'从他的眼神来看,他还记得我,但他说:'滚开,黑鬼!'然后就走开了。现在我问你,希比拉,这样子下去,白人拥有一切,有农场,有好衣服穿,还有干净的脸庞,你和我是什么?我们靠借来的东西过日子。给我杯咖啡,孩子!"在我们家喝咖啡是他的特权。他到我家时,我的感觉总不太好,因为他老让我干这活儿。

"借来的东西,借来的东西,"多拉阿姨在他走后说,"他以为我们昨天才生下来!大家都知道他有钱,都藏起来了。守财奴一个!看看他穿的卡其布!一个人有这么多钱有什么用?"没人知道

---

① 旧时对仆人的蔑称。

老拉梅兹到底多有钱，如果传言是真的话。

但有人把这事说得跟真的一样。几天后，老拉梅兹来到我家，双臂狂乱地挥舞："你们从没见过这样的事！那个混蛋！这次轮到我了。他这个老鼠的儿子，猪的儿子，异教徒的儿子，狒狒的儿子，没有名字的鳄鱼的儿子，离家出走的母亲的儿子！"

"你在说谁?"外婆问。

"那个叫刀哥的脏货。他把我床垫下所有的钱都偷走了。我女人看到他了，看到他跑出了房子，她亲眼看到了他。为了钱我干了这么多年，比他母亲把那罪孽放进子宫里的时间久得多。他的手就知道揣在口袋里，越来越发霉。他不好好干活，却毁了其他人。耶稣啊，他偷了这笔钱，也要了我的命!"

"快到警局报案。"多拉阿姨建议道。

"否则你以为我会去哪里?"

多拉阿姨偷偷地笑了。老拉梅兹朝警局走去，一边喊，一边挥舞手臂。"耶稣!"他嘴里不停地念叨着。

虽然刀哥被带到了警局，但警方没有也不可能起诉他。"上帝可不是傻瓜。总有一天刀哥也会栽跟头。等着瞧!"那是外婆的裁决。莱博娜、詹韦尔，甚至隔壁斗鸡眼的女人都说外婆说得太对了。"上帝会收拾他的。"老拉梅兹到底被偷了多少钱，人们一直没有定论。他有时说五英镑，有时又说二十英镑，之后又说十英镑。他到底有没有钱，我们仍不清楚。

上帝似乎真的让刀哥自食其果了。一个星期六的晚上，他在杜格尔电影厅附近的黑地里强奸了一个女孩。

从电影院门口到地里，他用刀尖一路胁迫这个女孩。事后，女孩跑回家报了案，警方找到了他的行踪。他在哥伦比亚舞厅被捕，口袋里还塞着那女孩的内裤。

第二个星期的星期天，第二大街的居民纷纷涌到刀哥家门口，他和他父亲及继母住在一起。众人非常生气，因为他被保释出来了，对此大家非常不满。多拉阿姨去了，外婆没去，她很遗憾自己的腿很疼，否则她会去告诉"异教徒刀哥一些道理，让他在泥里滚几圈，更掉价些"。"让他出来！""让我们看看他！""我们不希望这里有畜生！""什么！有律师为他辩护！""是他父亲，他应该知道他儿子是个罪犯！""他给了他儿子更多的胆量，让他犯更严重的罪！""那家伙还会杀人，上帝为证！""你们会把那家伙怎么样？"老拉梅兹在另一头问其他人。

"是你要这么问吧？他偷的是你的钱。"

"是的，但我也想知道你们为什么应该在这里。"

"我们要把他带回警局。出庭前，他们必须把这条狗拴牢。"

老拉梅兹理解地点了点头。

"你们跟他父亲说去！"刀哥的继母喘着粗气，挥舞着围裙，好像要与刀哥脱离关系。

最后，刀哥父亲从小屋里走了出来，他儿子的手与他的紧握在一起，强壮有力却颤抖着的手。

"你和他们说！你和他们说！"继母唠叨了半天，胖乎乎的手抚弄着围裙下摆。"我一直都在说你儿子，我已经倦了，耶和华在天上知道。你自己和他们说。"

"上帝的子民！"刀哥父亲开始说话，喧闹声逐渐平息。

我一直记得刀哥父亲那天看起来很有尊严，即使周围一片骚动。

"上帝的子民！"他重复道，"你们希望我怎么做？"

"我们找的是你儿子，他必须回警局。"一位妇女说。

"是的。"有人呼应道，"你没有权利让一个罪犯待在自己的房子里！"

"甚至还为他请律师。"

"如果他强奸的是白人女孩，就会被一直关起来，直到被吊死。"

"你必须把他送走。"

有那么几分钟，刀哥父亲似乎不知道该怎么回答。然后他说："上帝的子民，请听我说。你们都有孩子，你们很幸运，你们的孩子不像这个年轻人。你们很幸运，因为你们的孩子没有强奸别人，也没有去偷盗。我的骨肉使别人的生活苦不堪言，我也很受伤。他每刺受害者一下，我的心就跟着痛一百下，没法痊愈。你们说我请律师让他恢复自由，就说明我喜欢他犯下的罪行和他之前犯的错。"

他顿了一下，我看到他在哭。他的儿子站在那里，就站在他旁边，脏脏的背心当上衣，一个大大的法兰绒袋子当裤子，长长的光脚趾从里面露出来。他看上去既害怕又目中无人。

"谁都认为他很残忍！我为什么要请律师？我不知道。我也没法告诉你们。"

"我的钱呢？"老拉梅兹说，他的喉结尖尖地突出来，肌肉和脖子上的血管都在诉说痛苦的往事。

"那是警察的事，拉梅兹。"刀哥父亲说，"我把他带到这屋子外面，现在他该知道别人是怎样看待他的恶行了。"

一阵窃窃私语后，大家离开了。他们声称厄运会来，骚乱将至，并祈求上帝的惩罚。"你自己拴牢自己的狗。"有人边说边举起双手。

刀哥随后出庭受审，被判十年劳役。

"你看！"外婆说，"如果是白人女子和他偷情，他们反而会绞死他。这就是他们对我们的所作所为！你离开这里，艾捷基，否则听完这事后你只能跟你的朋友说一大堆谎话！"我自己走开了。

哥伦比亚舞厅位于亚裔集市区印度人的房子中间，挤在马拉巴斯塔德和有色人种保留地中间。那是栋老房子，墙上沾满煤灰，粉刷了一次又一次，以吸引人们进去玩乐。哥伦比亚两边的低平台用作舞台，一扇门通往休息室。休息室的长度与大厅的一致，休息室被分成很多个小隔间，每个隔间里都有一张沙发。哥伦比亚的灯火永远不会太亮。

为了挣点零花钱，我们经常在哥伦比亚大厅为经理打工，气喘吁吁地检查里面的每个角落。之所以气喘吁吁，是因为没几个家长喜欢听到"哥伦比亚"这个名字。他们模棱两可地说，跳舞和音乐会的外衣下有不道德的行为在滋生，哥伦比亚是个邪恶之地。一些家教不严的男孩子，兴高采烈地说着跳舞的人及音乐会表演者在后台隔间做的种种。沙发方便他们行云雨之事，开房的费用由男人们出。看到那些沙发，我的头转了过去，脑子里充斥着各种画面。我对自己说一定要找机会看看外婆和多拉阿姨不让我们看的究竟是什么。如果能有机会一探究竟就好了！

机会来了！那时比勒陀利亚刚开始播放有声电影。明星电影厅是印度人开的，在亚裔集市区开业时放的第一部电影就是《爵士歌王》，由阿尔·乔尔森主演。激动的人群涌到电影院，观看这一电影史上的新奇迹。

小舅舅和我获准去那里，大舅舅和多拉阿姨陪我们去。每天晚上哥伦比亚都有事发生，晚上去那里有什么好？那时我钟爱电影，听到其他人回忆看到的电影场景就很伤心。我攒了点钱，是在菜场挣的。哥伦比亚一先令的入场费，我出得起。我一买到票，就在人群中迷失了自己，立即冲向哥伦比亚。在阿尔·乔尔森的电影开播前，放的是花絮和一部无声电影。

我走进哥伦比亚，亲眼看到了U-NO-MES乐队。之前他们的音乐只是在路过时会飘进耳朵里，猛烈，吵闹，但有力。现在一想到它，我就会想起马拉比爵士乐忧伤堕落、自我放弃、性感甜蜜又放荡的旋律。U-NO-MES 和寻欢作乐者这样的小爵士乐组合击败了新的酒吧爵士乐，这种爵士乐的第二个音符和鼓声相合。"马拉比"的得名与马拉巴斯塔德有关，并从这里传到了里夫。电线杆和生锈的波形铁皮墙上贴着粉色、绿色和白色的传单，上面写着：

> 世界颠倒了！
>
> 为什么？
>
> 因为这里有丰盛绝妙、非同一般、
>
> 才华横溢、波澜起伏的
>
> 爵士乐盛会。
>
> 带上你的女孩，
>
> 随着U-NO-MES的马拉比节奏旋转！
>
> 带上你的女孩，
>
> 在哥伦比亚夜夜舞至天明！

我站在墙角，大厅里灯光昏暗，一片朦胧。跳舞的一对对紧紧拥抱在一起，侧身、向前或向后迈着舞步。他们的脸被汗水打湿，偶尔会有人用手背擦汗。他们随着单调的节奏摇摆，似乎什么也没听到，什么也没看到，仅仅迷失在野蛮的音乐中。他们甚至不知道阿尔·乔尔森带来了这个时代的魔力，那就是有声电影。我站在那儿，吸着从水泥地上飘浮上来的尘埃，昏暗的灯光下，汗水味和烟草味交织。这就是哥伦比亚，对关注人类德行的人来说这意味着恐怖和诅咒。然后我看见了！相拥的一对对，从一扇扇门进入后台的休息室，他们紧紧拥抱在一起，互相推挤，进入隔间。

我的喉咙哽咽了，手掌心贴在墙上，满是汗水。我冲了出去，跑到了电影院，膝盖因为内疚而颤抖。如果我的家人发现的话……

我一直喜欢阿尔·乔尔森。几周后我们看了查理·卓别林的《城市之光》。说话、唱歌、跳舞成了电影广告牌上的常客。一开始，想到再也没人会请我读电影字幕，我有点不安。其他男孩应该可以自己听懂电影里的对话，不需要我读字幕了。但很快我就将这小小的恐惧抛到脑后，享受着有声电影的新颖性和便利性。

那是大萧条时期的马拉巴斯塔德。尽管贫穷，除了哥伦比亚，人们还找到了其他娱乐渠道。更多的爵士乐剧团应运而生。公共假期里，巴伯街上会有马车经过，上面放着一架旧钢琴，还有四个演奏者，因为喜欢而弹奏着马拉比音乐，还有演唱团演唱《快乐重来》《踮着脚尖到窗口》等曲目。能够想象从未见过的郁金香、玫瑰、缓慢流动的潟湖、圣卢西亚的曼陀林、蓝衣美女、泰晤士河和不知名的明亮街道，真是太好了！新年也是如此。野餐分组名单早就定下来了，但得等他们回了家才能开始。每家公司都有自己的乐队和制服，公司名称有"阳光"（包括女孩的）、"毛头小伙子""凯利"和"红白晕"（"晕"表示绿色）。公司的名称与为其效力的足球队的名称一致。他们坐着卡车来到聚居区表演，展示其风采，好像根本没受大萧条的影响。

教会的传道士强烈反对不道德的行为。他们谴责哥伦比亚这类场所，并预言永恒的惩罚终会降临。他们从教徒身上收费无数，包括月费、季度费、半年的费用、圣餐费、牧师的参会费，在一些稀奇古怪的地区建教堂的费用，还有牧师的自行车费。"我们很穷，再也没钱了。"大家都这么说，但他们带了些东西放在桌上。白人教士定期布道，除非洲循道卫理公会外，每个教会都有一位白人牧师做监督人。等他们真的来了，会众全体出动，聆听布道。那个时候管理人员和教会顾问会比平时更得体，也更殷勤，他们紧咬着牙关，看上去很有责任感的样子。祷告的女人们身材肥胖，穿着耀眼的红色上衣，戴着笔挺的白帽，看上去很整洁。但这些鲜艳的颜色被她们身上闪耀的黑色披肩中和了。看到她们，我想起了鸟！

各教会涌现了一大批奋兴布道会。外婆把我和弟弟妹妹留在卫理公会教堂的大厅，因为我母亲是卫理公会的教徒，父亲名义上也是。外婆、多拉阿姨和其他家人去了路德教会，因为外公曾是那里的教徒。耶稣受难日，路德教会的妇女从一条街唱到另一条街，唤醒同教会的其他成员，一直唱啊唱。歌声把我们从梦中唤醒，我们揉了揉眼睛，坐起身，直到她们庄严的歌声从远处隐约传来，才重新睡着。

那段时间上教堂的人越来越少，传教士把这归咎于道德败坏。他们说，经济萧条是上帝的惩罚。妇女、老人和我们这个年纪的孩子继续上教堂，年轻人却不来了。老头们上教堂时大部分时间在睡觉，我们则看看女人，看看牧师，再看看睡觉的老头们打发时间。

喝啤酒的人更多了。越来越多的年轻人离开学校，还生了孩子。传教士的粗手指指着我们这些继续上教堂的人，我们沉默而无奈，因为家庭习俗和家庭荣誉的关系我们才不得不继续上教堂。尽管刀哥不在，自诩为"聪明男孩"的帮派却并没有解散。相反，他们分裂成了小帮派：XY 农场、巨型农场、弗里斯科农场、德州农场、特快农场和勾拳农场。他们用刀把行人拦在街上，脱光他们的衣服，让他们赤身裸体，然后把抢来的衣服售卖。此外，他们还强奸掳掠，无恶不作。

就在那段时期，我突然很喜欢在星期天从一个教会游荡到另一个教会。我只是不喜欢一成不变；可以听不同的传教士布道，让我觉得没有一丝痛苦，而且耳目一新。我很喜欢路德教会的音乐，它不像卫理公会和非洲循道卫理公会的赞美诗那么单调。另外，我喜欢圣公会教堂的焚香和服饰。非洲循道卫理公会的牧师喜欢在布道中混用英文和索托语。"他已经疯了。"外婆说，"等哪天上帝降临，问他把母语扔哪里了，那时他就会尖叫了。"我只是觉得他很搞笑。另外，他的眼镜又破又旧，他就用几段绳子把眼镜系在耳朵上，让我总是忍不住笑。

自诩为"加沙教会"的小会众把一个小铁箱用作教堂，我总是鼓不起足够的勇气一探究竟。大萧条时期很多人自称是先知和信仰治疗师。恩赞马就是加沙教会的这样一位"先知"。每年的受难节，他都会去他们教堂南面的种植园，就在我们聚居区的最南面。他会待在一个很深的洞里，直到第三天复活节时才出来。有人说他没有进食，也有人说他妻子偷偷给他送了毛毯和食物。但恩赞马和他的教民声称，实际上他是死而复活，因为他和基督一样拥有神力。

有一次，一个女人带着瘫痪的儿子找他做信仰治疗。恩赞马的仪式结束后，病人却没什么反应，他就去割病人僵硬、萎缩的脚踝和膝盖筋腱。孩子死了，恩赞马被捕入狱。闯入加沙教会的念头让我不寒而栗，所以我没去。

我告诉外婆我在各个教堂游荡，她说我最后的下场就是不参加任何教会活动。"就像你父亲那样，变成没出息的异教徒。"她老把重音放在"异教徒"上，这次却和以前那种令人不快的含义有所不同。"很快你就会想去最北面的帐篷教会了。到时我会砍掉你的头，把你切成碎片、碎片、碎片。"

　　街头的帐篷教堂是经济大萧条时期的产物。牧师姆康多与体弱多病的妻子来自约翰内斯堡的亚历山德里亚。他们从南非卫理公会脱离出来，据说该教会是驴教的一个分支，其标志是基督骑驴进入耶路撒冷的图案。新的主教是拉穆苏，据称是最强的传教士。因为他之前所在的教会将其中一种会费从两先令提高到了两先令六便士，他就向白人当局提出抗议，但他们坚决不同意恢复原价，于是他就带着数千名教徒离开了。

　　不久，当地的圣公会牧师皮特苏与比勒陀利亚主教大吵一架后，也带走了大批追随者，并组建了非洲天主教。但后来他感觉很糟，就又把教徒带回了英国圣公会。最后他被送到某个遥远的地方做苦行，在比勒陀利亚再没见过他。

　　数百名年轻男女从德兰士瓦北部进入比勒陀利亚。我偶尔会遇到一些大男孩，他们在彼得斯堡时和我上同一所学校，现在在郊区做帮佣。

　　星期天他们从离马拉巴斯塔德七英里远的地方来到班图乐。在班图乐，他们有自己的运动场，是一块光秃秃的草地，他们在那儿赤手空拳打架。这样的日子，我们会走出家门看他们打架，看他们在巴伯街齐步行进。他们穿着短裤和网球鞋，戴着网球帽，口袋外手帕飘扬。他们蹲下身，挥动拳头，手腕上的塑料手镯叮当作响。他们迈着大步前进，就像一支黑人军队，他们沐浴后的腿上抹着闪闪发光的凡士林和皂基脂。他们一跃而起，大喊一声再蹲下身，这时"他们的血液在沸腾"，字面意思是"他们处于残暴的状态"。每个星期天，白人骑警队都会护送他们抵达班图乐。

运动场上他们围成圈，竞争对手一对对进入内圈，开始血腥又野蛮的艰苦较量。任何人都可以进去挑战另一方。这就是我在北方时，在热带的月光下，在列肖那河的白色沙滩上，我们喜欢玩的那种拳击。

这些人被称为马莱塔人，索托语中是"歹徒"之意。解散时，警察会跟在他们身后，用皮鞭抽打他们的后背，他们因此发狂而四处逃散，一些经过马拉巴斯塔德，一些经过印度人和有色人种的保留地，从不同的路线逃离这里。警方的初衷是阻止他们进入这些区域，但警察野蛮用鞭，结果事与愿违。

马莱塔人会殴打路上偶遇的行人，会强奸女人，他们还在我们下面的河里阉过一个人。居民怕他们，也恨他们，因此警员笑着鞭打他们或骑马践踏他们时，没人会同情他们。我们很高兴能拿着棍棒和石头一路追赶他们，直到他们抵达市中心。马莱塔人每个星期天下午都会离开主人的房子，每一次都体验相同的旅程！

第十五章

与阿布杜尔打架

比勒陀利亚一直以来都歧视黑人，这一点和其他省份的任何城市一样糟糕。母亲时不时为讲英语的家庭帮佣，其中有一些会资助我，有一些则抗拒我。她曾为布罗德里克博士家工作，他们的孩子经常来到我身边，或大叫"约翰，你想见伊娃吗？"伊娃是我母亲的名字，我却不叫约翰。有时他们会说："伊娃，你儿子来了。"然后他们歪着脸，眯着眼，上上下下打量我，有时他们会扔个橘子给我。被这样审视，我永远不会习惯。我很不喜欢他们这样，但又担心他们随时会跟他们的父母亲说不欢迎我。显然，他们并没有这么做。但后来我就直接走到妈妈的小房子里，靠着墙等她从大房子里出来。她一直为英语家庭做帮佣，却总不愿学阿非利卡语。讲英语对她来说并不费力，虽然会出大量的错误；她的大部分英语，是为讲英语的家庭做帮佣时自学的。我们在家讲北索托语，在外面讲阿非利卡语和索托语。

多拉阿姨给阿非利卡人洗衣服，他们不让我进他们的厨房，并对此直言不讳。他们的孩子从窗口偷看我，否则我好像并不存在似的，其实那样我反而更自在些。如果那最小的孩子想让他妈妈知道我来了，他会说："妈妈，洗衣服的黑鬼来了。"接下来他根本不会多瞧我一眼。

我费了好大劲才学会远离白人。我在家里受到的教训已经够多了，不需要特地从周围受到更直接的影响。所以如果一群白人肩并肩走在人行道上，我们得让路。从某种意义上说，我们很高兴能有机会去一些公共场所，比如博物馆啦，动物园和联合大厦啦。当然只有特定日子我们才可以去那里，那个时候白人不会在那里，否则我们黑人连公园的围栏都不可以靠近。这样的公共场所对我们来说很陌生，所以我们喜欢站在那儿，脸紧贴着铁围栏，看着白人小孩玩秋千和"马"，心里羡慕不已。对我们来说，他们表演了一个个壮举，他们滑稽的动作常使我们情不自禁地大喊以示祝贺。但白人管理员会把我们赶走。我恨他，也恨这些孩子，但我也嫉妒他们。

如果愿意，黑人可以在留给他们的时间段内进入这些公共场所，通常是工作日和星期天中午十二点前。狐狸帮决定"袭击"动物园那天，一对男女紧靠着在一棵树下坐着，他们讲阿非利卡语。丹尼、拉托和我停下来看 只猴子踩二轮车。突然这对男女站起来，朝我们走来，那个布利克斯走路摇摇晃晃。

女的说："今晚给我教训一下黑鬼，布利克斯。"那女的看起来杀气腾腾。他们做那些小动作时，我和她对视了几秒，记住了这一点。"今晚给我教训一下黑鬼，亲爱的，好吗，亲爱的？好好踢这个黑猴子的屁股，嗯？今晚，我的小心肝？为什么不现在踢？"

他向我们走来。他问："看什么？"他抬腿一踢，但没踢到丹尼，丹尼总是很敏捷。实际上，他踢到关着猴子的铁围栏后摔倒，因为太痛而双脚发软，我们趁机狂奔而去。我们躲到了大象后面，发现猴子不再踩三轮车，像在等他，那女的正扶他起来。

"当心白人，他们非常非常强大。"母亲经常这么说。在我的童年时代，这话一直在我的脑海里回响。

十二月十六日是丁刚日，是为了纪念彼特·雷提夫及其手下的公共假期，他们死于奸诈的丁刚手中。丁刚是祖鲁人的国王和恰卡的弟弟。

在丁刚日，比勒陀利亚的阿非利卡人通常会骑在马上，在比勒陀利亚中心的教堂街游行。他们穿着先驱者的服装，戴着大檐帽，身披大而宽的子弹带。这些英布战争的老兵，神情严肃地走在街上，被人行道上和屋顶上的大批白人所推崇，景象相当壮观。

一九三四年丁刚日，我从郊区赶来，观看一队队骑兵沿着主干街道行进。就在这时，我看到了雷沃内。她站在一群白人旁边，正伸长脖子看。我过去找她，她说刚送她姑妈坐车回约翰内斯堡。

"我们到里面看看吧!"她以惯有的活泼方式说道。

"我不敢。"

"来吧,艾捷基,他们又不会咬我们。"

"在这里,我们永远不会这么做。"

"但我们已经在这里了。"她拉着我的胳膊,我说的没用。我们挤进了人群,但没能一直在那里观看,因为一个大个子白人戳我的肋骨,说:"滚开,黑鬼!这又不是给你们看的。"

"我们只是看看。"雷沃内说。

一瞬间,一只大手揪住我的颈背,一把把我推开。不知从哪里来的另一只手朝我挥来,还有人掴了我好几巴掌。我的脸被什么东西撞到了,鼻梁一阵刺痛。我不知道自己最后是怎么被推出人群的。我跟跟跄跄倒在路边,直到那时我才感觉到后背也被人踹了。后来雷沃内在这条街的南段找到了我。

有那么一会儿,我们谁也没说话。突然她脱口而出,说:"臭布尔人!"

"不管是不是布尔人,都是你的错。"

"无论我们站哪里,他们都会这么做。"

"我们可以跑。"

"他们会追,这些人!对他们来说,追赶我们是不错的运动。"

这让我更受伤,因为她说得对。"他们把你怎么了?"我问她。

"只是狠狠打了我几巴掌。"

"在未来镇也这样吗?"

"不一样,警察会替他们这么做。"

"我们没有权利和这群人在一起,我们不该那么做。"眼泪在眼眶里打转,喉咙一片苦涩,我一句话也说不出来。但在内心深处,我对雷沃内产生了一股钦佩之情,由此而来的清新活力直达我的胃。

在黑人眼里,过了今天,未必有明天,因此他们将自己定位为只求生存。白人越需要黑人为自己工作,就越讨厌他们。越来越多的人从北部和东部涌入比勒陀利亚。越没有安全感,看起来却越坚持!他们躲进聚居区生活,在获准的一小块土地上建铁皮屋。永久的难民却在歧视黑人的地方寻找生活和安全!

有人说:"收成越来越差了。"

其他人说:"我们的粮仓空了。"

"难道要回乡下去?真是疯了!"有人说。

"别挡白人的道!"这是我们大多数人学到的教训,我们深知其中的痛苦。"白人很危险。"莱博娜在一次私酿啤酒被袭后这么说,"他是白人,可以做很多事,我们却不能。我们还以为他们会保护我们!"

"你还什么都没见过。"外婆说,"你应该看看布尔人在保罗·克鲁格时代是怎么保护我们的。他们枪法好,听上帝的话,让英国人不能碰我们。白人是你的神,你还能有其他想法吗?老板和他的太太会为你思考。至少你可以住在马拉巴斯塔德，不必拿着一封信跑到另一个老板面前，信里让他抽你一顿。"

外婆总喜欢跟我们讲"保罗·克鲁格时代"的事情，讲布尔人统治下的艰难岁月：他们把涉嫌为英国人作战或充当英国间谍的非洲人活埋；布尔士兵如何割掉黑人妇女的乳房；铁石心肠的保伦先生是德国路德教会的传教士，他告诉教徒是神让他来到这里，带领他们逃出黑暗，但正是上帝的诅咒才让他们走进黑暗。另外，她经常说在坚信礼①日她最擅长回答保伦先生的圣经问题；因为她能回答保伦先生所有的问题，在教徒中还引起了轰动；一年一次的坚信礼日，教徒们身穿最好的衣服，通过口试证明自己值得被施以坚信礼。无论他们读到哪个年级，此后都会认为自己"完成了学业"。她告诉我们，她的鞋匠丈夫，"躺在坟墓里的提多"，为了寻求更好的生活，带着家人从一个地方搬到另一个地方。他拥有铁的手腕和意志，敢于反抗，是绝对的路德教徒。我的外公，如外婆所说，认为保伦先生也不见得比他好。

对多拉阿姨来说，过去的记忆似乎没有一丝浪漫可言，她从不谈及未来，只活在当下。

我经常在闲暇的时候，坐在后阳台的边缘，看多拉阿姨和外婆有时弯着腰，伏在洗手盆上洗衣服；有时低着头弯着腰，用洗

---

① 一种基督教仪式。根据基督教教义，只有被施坚信礼后，才能成为教会的正式教徒。

衣板洗衣服，然后站直了身子洗衬衫袖口和领口。她们边洗衣服边聊天，偶尔把痰吐到水中，还用围裙擦汗。我看着多拉阿姨，她三十多岁，身材矮胖，胳膊粗壮，发脾气时会往别人身上扔肥皂，很少会失手。

让她发脾气的事还挺多的。家里的茶叶或糖用完了，我小心翼翼地靠近她，向她提及这一微妙的话题，这时她的眼睛会像匕首一样狠狠瞪着我，说："浪费！你的问题就是浪费！或许你以为缺钱的时候，我只要去一趟厕所就可以来钱了。要工作、工作、工作！你浪费的习惯会让我一分不剩……"她喋喋不休地说，直到气喘不上来才算完。所以，向她报告这一场灾难前，我往往会等待一个好时机。比如等顾客上门时再告诉她，阿姨发飙的话他们可以充当减震器。或者在她吃肉的时候告诉她。她非常喜欢吃肉，怀孕时更是如此。牛排买回来后，她把它放在火盆的网格上，然后把自己弄得舒舒服服，吃得香香的。所以，多拉阿姨难得买牛排时，就是她抵抗力削弱的好时机。那时，她会把手探进围裙口袋拿出六便士，小心翼翼地放在我手中，好像怕钱溜走一样。每次买东西，我们总是买一点点。

多拉阿姨可不是不切实际的人。如果她不喜欢一件事，她会在后院里走来走去，大声谴责。母亲和阿姨不一样。回来看望外婆时，母亲会告诉她自己对阿姨不满的地方，比如阿姨会擅自使用母亲放在卧室盒子里的瓷器、餐具及母亲收藏了几年的收藏品。

家里每个人都认为我母亲长期受苦受难，是个明智的姐姐，为了帮助家人总是不遗余力。"她太善良，不适合这个世界。"阿姨这样说她，"我只喜欢喜欢我的人。"多拉阿姨从不喜欢卷入一场长期悬而未决的纷争。

阿布杜尔的商店我们光顾得最多。和其他店主一样，客人每买六便士的东西，他就会在一个小本子上盖橡皮图章。等这本子盖满两百个左右的图章，就可以兑换两套杯碟。圣诞节时，如果有这样的本子，不管章盖没盖满，阿布杜尔都会给我们两套杯碟，还有放在"圣诞礼盒"里的两个酒杯。有一次我买了十先令的麦芽和杂货，阿布杜尔却不肯在本子上盖相应数量的图章。他坦白说，买那么多东西，本子一下子就盖满了。

这一次多拉阿姨又拽着我走在她身后，抓着本子和我，想要纠正阿布杜尔的这一错误。但事实上，和手中的本子一样，我也一言不发，让人无法欣赏。"得让某人在泥里滚几圈，让他掉点价，才能让其改正错误"，多拉阿姨是这么说的。

"在这本子上，盖上十先令的图章，立刻！"阿姨把那本子扔到柜台上，一些落花生的壳掉到了地板上。"你说他只给你盖了五先令的图章，嗯？"她把我拖到柜台边，我点了点头。多拉阿姨的英语很流利，她常说要不是我外公去世，她不得不辍学，否则她的英语会更好。

"不不，啊——啊——啊！"阿布杜尔大叫，好像觉得这种做法让人无法想象。"十个先令太多太多了。"

"阿布杜尔，赶紧把章盖上，否则我要发火了。"

"多拉多拉，女人，为什么你制造这么多的大麻烦？你怎么总是制造大麻烦，为什么？"

"多拉多拉下地狱吧！是你惹的麻烦，你这个骗子。我想要钱时，得忍着不去厕所。看看这双手，因为工作都变粗了。"

"我也为我自己和孩子工作啊。"

"把章给我盖上，我说，苦力！你来自印度，在我们身上赚钱，嗯！"

"好吧好吧，我来自印度，这和本子有什么关系？不，不，不，啊——啊——啊！"

"阿布杜尔，我才不想听什么废话！"

"如果我是苦力，你这个黑鬼更是苦力！"

多拉阿姨突然把我从柜台边推开，一把抓住中等个子的阿布杜尔的衣领。"抓住他的衣服"，在我们的口语中表示"突袭"的意思。他试图挣脱，帽子都掉了。多拉阿姨朝柜台一个猛击。"到外面来，到外面来，让你看看我怎么收拾你这个苦力。"她不停地说。阿布杜尔不停地大叫："放开我，放开我，你这个黑鬼婊子，多拉多拉！"

她纵身一跃，令人发颤的血肉之躯越过柜台压在阿布杜尔身上。我担心她扭了脖子，没想到她一下子就站了起来。她把阿布杜尔推出商店，来到阳台上。阿布杜尔使出全身的力气，想脱离她的控制。我的心跳得很快，一方面担心，一方面觉得阿姨是个英雄。

听到她叫我的名字，我赶紧把头巾递给她。我随即又想起那本子和杯碟，如果阿布杜尔认输的话，那就值了。我一个箭步跑到柜台边，把本子从地上捡起来，再跑到阿姨身边。他们身边已经围了一群人，一些人在笑话他们，一些人则为阿姨欢呼喝彩，非常享受观看这打架的场面。那些支持阿布杜尔的人知道他也是迫不得已，但他们也很开心。阿布杜尔还在朝阿姨大喊，让她放开他。

留着胡子的老伊莱沙是阿布杜尔的父亲，他和阿布杜尔的妻子及其他一些印度人很快就从商店后面的房子里跑了过来，据说他们是阿布杜尔的孩子、表兄弟、侄子、侄女和姐妹，这些人我们从未见过。他们激动地跑过来，整理着身上的纱丽，几个人紧挨在一起，嘴里冒出一串串的印度话。

多拉阿姨好几次用头撞阿布杜尔的脸，现在还在撞，这是女人打架时常用的伎俩。她还让他嘴巴流血了。不久，她坐在他身上，把他压在了水泥地上。他们从阳台上一路打滚，之后又在泥里翻滚了几次。最后阿姨压在他上面，大喊："你盖不盖章，阿布杜尔？"他结结巴巴说了几句后，阿姨就站了起来。

伊莱沙冲到儿子身边，扶他起身。现在这一家人大叫着，一串串的印度语接连而至。多拉阿姨真的让阿布杜尔掉价了，他看上去很难过。她跟着他走进商店，边走边整理被撕烂的衬衫，想要遮住胸部。

最后，阿布杜尔在那本子上盖了章，那天我们拿到了两套杯碟。晚上多拉阿姨被她丈夫狠狠揍了一顿，那是我第一次也是最后一次看到她丈夫打她，但她没哭。接下来几天，我想尽办法远离她的肥皂导弹。

外婆说没料到阿姨竟然会这么做，说她与异教徒无异，还说如果提多——唉——他要不是安静地躺在坟墓里的话，一定会用拳头打爆她的头，就像以前她小时候那样教训她。外婆那天晚上还为阿姨祷告了。第二大街的多拉揍了一个男人，成了我们聚居区街头巷尾的谈资。

打架事件过了几周还是几个月后，一天下午我从班图乐跑完腿走回家，感到很累，就决定到阿布杜尔的商店的阳台上休息一会儿，享受一下凉爽的树荫，再回家做家务。十几岁的时候，仅仅站在或坐在商店的阳台上，也会觉得很有意思。如果那里还有其他人，你们可以谈一些最美好的东西，也可以聊一些最下流的东西。你大笑的样子可能会激怒你的外婆、你的阿姨或你的母亲，但你会很享受这一刻的自由。你可以重温电影里最生动的场景，你可以告诉别人你有多恨一个女孩，多讨厌某位教师，你打算某个晚上从厕所里提一桶大便到他的教室，倒在他的桌子上。唉，要不是那味道，我们可能真的会这么做！在商店的阳台上，你会和其他人分享你买的每一块面包或甜食。买了面包后，你会往里面塞印度抹茶，然后厚颜无耻地嘲笑一个个过路人。如果只有你一个人，你会以挑剔的目光，一半疏离一半投入地审视巴伯街上的一切。

老伊莱沙坐在肥皂箱上，身子靠在一根柱子上。他双腿盘着，坐在箱子上，凉鞋脱在地上，鞋子里面闪闪发亮，他看上去就像菜场里捆好的巨无霸鸡。我胡思乱想，想象着可能会降临在他身上的一些意外。这时，四个"德州农场"的年轻混混耷拉着头走到阳台上。他们靠着墙，站在伊莱沙对面。伊莱沙对他们视而不见，只是继续嚼着他的干果，时不时地把红色的果核吐在地上。

这四个男孩以帅气的弗雷迪为首，他是第四大街的恐怖源头，经常四处瞎逛，还吸大麻。刀哥因强奸罪被捕后，弗雷迪经常晃到我们这里来，好像把自己的领地往这里推进了。其他农场的小混混当然不喜欢这种情况，大家都说他在挑事。他们帮派只有四个男孩，还有几个不值一提的追随者和崇拜者。但据说他们非常强大，拥有马拉巴斯塔德一半以上的女孩。他们这些人最不像第二大街的人了，衣服和其他方面都是如此。他们的裤子只到腿的一半，还穿着"白鸭"帆布靴。据说《白鸭应该永远不会脏》这首婚礼上流行的本地铜管乐曲，就是弗雷迪作曲的。

"梅西在打鼓。"弗雷迪带着胜利的口吻说。库存展销会上、铜管乐队鼓手会把鼓放在肚子上，这也成了司空见惯的表达。

"谁惹了她？"老二问道。

"猜猜看！"

"是希希？"老三猜。

"不是，希希不会坐在旋转木马上。"弗雷迪说。

"那就是邦贝吧。"老四回答道。

"再猜猜。"

老二说："那是伊莱沙。"其他人哈哈大笑。老二斜眼看了看这位老人。伊莱沙转过头看着他们，我突然觉得很紧张，但他好像只听到了他们的笑声，接着又茫然地盯着前方，嘴里还在嚼东西。他的鞋子还放在地上，却似乎没有主人的驱使也能自己走路，就在我的上空行走。

"那到底是谁？快说！难道是你？"

我还以为弗雷迪会勃然大怒，但他没有。"我的都是最难搞的人，和梅西可不一样。我的都是难搞的，懂了吗？这样她们才会对我服服帖帖，伏在我的脚下，我以你爸爸的名义发誓。"

"那到底是谁？"

"比如，邓加。昨晚我在旋转木马那里遇见了她。见鬼，兄弟，我从算命先生的窗口看见了她。我说：'我们去荡秋千吧，樱桃。'她却转过身不理我，好像我在和风说话。我靠近她说：'我们去买些冰淇淋，然后去荡秋千吧。'知道吗？她却不睬我。我说

'好吧'，然后就走了。我心意未决，一边说自己是懦夫，一边却说不能这样善罢甘休。所以我对自己说，下次必须给她点颜色瞧瞧。我可不是彼得斯堡的拳击手，收费请人看好戏。"

"所以呢？"老三问道。

"等一下等一下，你们还没听说过吧？我走到秋千旁，邓加刚坐上去。我跳上她的秋千，这时秋千开始发出嘚嘚的声音。她看起来很害怕，眼睛睁得大大的，好像看到了两起谋杀案。我坐下来，把她的腿放在我的大腿上——"

"什么？"老四难以置信地大喊。

"以我爸妈和你爸妈的名义起誓。秋千荡得很高，我说'别担心，邓加'。我把手放在她的大腿上，她把目光移开。"

"什么颜色？"老二问道。

"你什么意思？"

"她的内裤什么颜色？"

"我怎么知道？"

"见鬼，你们的思想怎么这么肮脏？"老三有些忧虑地说。

我一下子感到惭愧害怕又很生气，脑子嗡嗡直响。我看着老伊莱沙，他嘴里还在嚼东西，我把冒汗的手心贴在柱子上，想要离开又不想离开。

"你老爸什么时候成了圣人了？"老四问，"快接着说，弗雷迪。"

"秋千停下来后，我们从上面下来。我拉着她的手，见鬼，她竟然没拒绝我。我拉着她来到穆萨的商店后面的墙边。哥们，现在你们该知道邓加有多难搞了吧？嗯，我可不是吹牛！我们站在那里，我吻了她，她还是没挠我也没吐我口水。我把手伸了进去，但巡夜人来了，开着车把我们拉走了。明白我的意思了，兄弟？"

"一只高傲的猫来了！"老二观察后说道。

雷沃内走上阳台。他们吹起了口哨，她好像走进了流氓窝。她走进商店的布料间，出来时弗雷迪站在她面前拦住她。

他说："我喜欢你，樱桃。"

"去你的！你像粪便一样。"她像母鸡一样抬起手肘，随时准备攻击。

"嘴巴不要这么凶，妹妹。我喜欢你，以你爸爸的名义起誓。"

雷沃内往弗雷迪脸上吐口水。伊莱沙心不在焉地看着。现在我很激动也很生气。漂亮的弗雷迪抓住她的手腕，扭住她的胳膊，雷沃内痛得大叫。弗雷迪让她和自己面对面站着，她的胸部在他胸口上下起伏。她厌恶地把脸转了过去。

"现在把我脸上的口水擦掉。"他命令道，"你会发现我的脸干净又帅气。"

我眼睁睁地看着，雷沃内无计可施，只得用衬衫的袖子给他擦掉口水。

"好了。我喜欢你，记住这一点，嗯？"他放她走了。她走向第二大街，用这件衬衫的袖子擦眼睛。

　　这时一个女人过来了。我过了一会儿才发现，竟然是我的多拉阿姨。我跳起来想要逃走，没料到在拐角处失去平衡，撞到了老伊莱沙。只听到砰的一声，箱子剧烈震动后倒了！又是一串印度语从老伊莱沙的嘴里飞出来。

　　那天我好不容易躲过了多拉阿姨。她和外婆很讨厌男孩子老在商店阳台上晃悠。

第十六章

迪库·迪卡的恐惧

"你今晚会来吗?"雷沃内问。

"会来。"我说。

我们从学校回来,走在巴伯街上。

"嗨,那位新老师的笔记太多了。"

"好吧! 我们已经不是五年级了,记住了!"

"所以他要累死我们,就再没六年级了!"

"我倒不介意笔记多,而且拿这么多的练习本,让我感觉自己长大了,越长越大了。"

"你看那儿!"

"什么?"

"我父亲在冯·普拉克的店前面,有人拦住了他。去看看!"

我们发现一名身穿黑色制服的白人男子在和雷沃内的父亲说

话。那白人在检查马匹，仿佛想在马毛里、尾巴下面和马蹄上找什么东西。

"他不是警察，爸爸。"我听到雷沃内在他身旁说。

"他不是警察，爸爸。"迪库·迪卡却像聋了一样。我第一次看见一个男人抖成这样。他跟着那白人走，差点撞到了对方，却一个字也不说。雷沃内大皱眉头，把全部的注意力都放在她父亲身上。

"别怕，爸爸！"她发出嘶嘶声，"他是卫生督察员，不是警察。"当然，之前他多次被卫生督察员拦住过。

白人男子不客气地说："好吧！"然后就离开了。迪库·迪卡还是拿着马具，好像随时会晕倒一样。

"我们走吧，爸爸。"她知道经历了这样的事后，她父亲今天不会再做生意了。他们走了，雷沃内拿着缰绳，我很羡慕她拿缰绳的样子，非常干练。

那天下午直到晚上，迪库·迪卡在白人督察员身边发抖的模样在我脑海里挥之不去。他倚着强壮的马匹，然后靠在大车轮上，手抓着车轮的辐条，显得很有力量。然后他嘀咕着什么，宽阔的后背与雷沃内苗条的身躯相互映衬，手推车的车轮发出咯吱咯吱的声音，行走在第二大街上。

为什么肩膀宽厚的壮汉这么怕警察，这么怕与警察有关的人或物？我立刻觉得我和他结成了联盟，对他有了小小的敬畏。是的，难道警察不让人害怕吗？他们有手铐，有大大的宽皮带，还有警棍，他们穿着沉重的靴子，警徽闪闪发亮。即使在我们索托人的领土上，大多数警察都是祖鲁人。他们身材高大，肚子大，屁股也大，耳垂撕裂。白人警察只有在突击搜查啤酒、收税，以及路检时才会和非洲警察一起出现。我们喜欢模仿黑人警察在巴伯街行进的样子。他们的警棍很显眼，他们的臀部外突，想要听从指挥官的命令"挺胸收腹"，却不怎么成功。但我们只敢远远地跟在他们身后，而且浑身发抖。

和往常一样，我和雷沃内一起做作业。她因为父亲闷闷不乐而很难过。

"我对我的马很好。"迪库·迪卡说，"我对它很好。这个白人想要什么？"他看着我，好像我也卷入其中似的。"每次都是警察、警察、警察。"他坐在我面前，用手背擦拭额头，"我之所以搬到这里，就是为了和平。上帝知道，就连走的路我都希望那上面一尘不染。但哪里可以找到和平？"

"他不是警察，爸爸。"

"对我来说都一样。如果白人想要找你的茬，总有办法带你去警局。"他停顿了一下。

"她知道这一点，但假装不知道。"他默默地要求我听他说下去，其实我心甘情愿这么做。

"听我说，孩子。我们从前住在黄金城的未来镇。我们家有三个人，我、雷沃内和她母亲。如果你没见过未来镇，你就不知道这个世界是什么样子的。你必须卖啤酒或为白人干点什么才能谋生。既然上帝给了我大脑，我为什么一定要给白人干活？我赚了足够的钱，都可以用来洗澡了。上帝是否原谅我，我不知道，但警察会让你像魔鬼一样许下心愿，像魔鬼一样做事。雷沃内的母亲，上帝的女儿，她死的时候雷沃内还是个孩子。我跑了一整夜到约翰内斯堡的一家医院请医生，但没有一位医生愿意来。上帝为我做证，我眼睁睁看着她母亲死了，但我不知道我为什么无能为力。我请的一个接生婆尽了最大的努力，但她母亲还是死了，孩子也死了，子夜一点的时候死的。我还以为黑暗我已经见得够多了，但约翰内斯堡政府想要拿走未来镇建厂。我们的人不肯搬走，上帝知道，警察来了一次又一次，次数超过以往任何时候，他们扔掉我们的啤酒。我们哭了，把手放在头上，请约翰内斯堡政府停止这样的行为，但白人警察又来了。我不知道，但政府真的很奇怪。我们哭了，因为愤怒哭了。我们中还有傻瓜，竟然用石头扔警察，上帝知道我决不会做这种疯狂的事。更多的警察来了，朝我们开枪。我们隔壁邻居，一个还没你大的男孩走出家门，哭着请求帮助。警察却朝他开了枪，把他杀了。上帝为证，我和雷沃内透过窗户看到了这一切，我们看到警察的枪冒烟了，那个孩子就这样倒下去死了。身体冰冷，死了！"

说最后一句话时，他大挥双臂。刚才他说话时一直在挥舞手臂，好像这能帮他说完似的。他那大而强壮的双手完全伸开，如此强壮，又如此无助。

"我把雷沃内从黄金城的未来镇带到这里来，是为了让她更好地成长。我来自巴夫鲁兹西部的济勒斯特，但我知道我永远回不去了，因为白人把所有的良田都占为己有。现在到处闹饥荒，大家买不起很多东西。你只有不像母鸡一样退缩，才能知道你在为什么而忙碌，才会有一点点钱。现在警察一遍又一遍来找茬。"

人们说迪库·迪卡之所以怕警察，一定是因为他以前杀过人，也有人说他是胆小鬼。有人说总有一天他会因为心力衰竭而死。

我很想赶快回家，但我害怕。在迪库·迪卡家里有一种安全感。我和雷沃内都没法做作业了，但我又不能离开。靠墙处有张大床，显然是迪库·迪卡的。对面是一张窄一点的床，那是雷沃内的。床上铺着整洁的白被子，老款式，三角花纹，可以看见里面的棉丝。房间里还有一张小桌子和四把高椅背的木椅子，座椅下是铁线和螺栓。做饭在外面，和我们家一样在火盆上做饭。他用帆布盖住手推车里的蔬菜，门后堆着一袋袋土豆。房间有一个窗户，窗帘挂在弯弯的绳子上，就在迪库·迪卡的床前。在雷沃内的床边，墙上贴了电影院的旧画报，其中有一张，梅·韦斯特摆出诱人的姿势，就在下面那张弗雷德里克·马奇的头顶上。弗雷德里克·马奇严肃地盯着墙；梅·韦斯特则像是一条不得不靠尾巴站立，想让自己更像人类的美人鱼。这样的海报增加了我的安全感。幸运的是，我离开时正好有一群人从牧师姆康多家隔壁离开。我记得他们在那里进行唱诗班练习，其中不少人和我同路。

的确，很少有人会买迪库·迪卡干瘪的蔬菜。一九三四年一月，雷沃内在六年级期中时辍学了，那是小学最后一年，我们十六岁。她得给她父亲帮忙。

"你父亲说你昨晚去了哥伦比亚？"一个星期天的早上我问雷沃内。

"他干吗要跟你说这个？"她狠狠看了我一眼。

"他们说，哥伦比亚这么糟糕，总有一天会把它烧了。"

"你那晚在那干吗了？"

"只是看看，什么也没做。"

"我的理由更充分。我是去跳舞。"

"跳舞吗？"我喘着气问。

"女孩子不是喜欢跳马拉比舞吗？"她看上去毫不在乎。

"但你在哥伦比亚跳，他不会杀了你？"

"嗯，他是这么说了，他还拿皮带打我。我跳到桌子上、椅子上和床上，他就打不到我了，最后只能放弃了。很有意思，现在我还记得。"她说话绘声绘色，我忍不住笑了。

马拉巴斯塔德到处有人说雷沃内去过哥伦比亚。跳舞！她甚至为此离开了学校……女孩子总会离开学校，我们都知道……她一定很久以前就去过那里……如此谦虚勤劳的爸爸……这是他心中的一根刺，这……滋生麻烦，到老了还让你不得安生……他们说他已经病了……这会杀了他，那就是……现在的孩子就是这样……很聪明，如果你问我……一间房子里没有一个女人，你还能盼着有什么好事？……

雷沃内工作勤奋，努力帮她父亲的忙。但哥伦比亚她去得更频繁了。她说："管好自己的事。"这是一种流行的说法，意思是"让他们不要多管闲事"。

有那么一两次她还怂恿我去哥伦比亚，可我不敢。我内心深处很想去，不只是想去看，还想与她共舞。好几个晚上我都梦到了，但我不敢去。不仅仅是因为外婆的关系，我可以躲避她的视线；也不仅仅是怕别人说三道四，无论如何，他们总有话说。我爱雷沃内，但爱得不够勇敢。我甚至没注意到我已经不再去她家了。

淘气活泼的邻居莫洛伊看到了一件事，他把来龙去脉都讲给我们听。

"莱博娜在水龙头那里看到了她。'孩子，'她说，'迪库·迪卡的女儿，你为什么不回学校？'

"'为什么要回去？'雷沃内问她。兄弟们，你们应该见过那女孩。她那样子就像我们家的猫遇到了隔壁的狗。

"'我的孩子！'老太太说，'你还太年轻，不该做那些大家说你已经做过的事。他们说你在舞厅里做的那些事情啊，会让人

羞愧得无地自容。'

"'你为什么不对你自己的孩子这么说，老太太？你管不了自己的儿媳，他们两个你都管不住，所以你挑上了我，给我提建议？'

"'啊哦！我自己的孩子从不会这么跟我说话。啊哦！我父亲会从坟墓里爬出来！上帝啊，他会的！'

"'此外，我也不是你的孩子！'

"'啊哦！看到这些白头发了吗，孩子？直到你死，你都会记住被你侮辱的每个人！我会告诉你父亲。'

"'是的，因为你想要他娶你呀！'

"'啊哦，啊哦，啊哦！'莱博娜边说边拍手，想让其他人看到这个奇迹，'你可不能再说那些话，孩子！'

"你应该不会相信，兄弟们！可雷沃内把一个小碟子，就像我的手或你的手那么小的碟子，浸到水里，然后把水泼到了莱博娜脸上。"莫洛伊像往常一样哈哈大笑，每次他大笑时就会把我推开。

"莱博娜说了什么？"我问。

"说了什么？你应该问她做了什么？"

"她做了什么？"

"她转身离开，用满是鲜花图案的干净围裙擦脸。"

"这可不是莱博娜的风格！"丹尼说，"那个莱博娜是你变的吧，穿了女人的衣服变的！"

"莱博娜真这样离开了？"小林克斯说。

"想到排水管那边找她？就在水龙头那边。"

"啊！不要再说废话！"我说，"我只是不相信。"我的舌头打结了。雷沃内把水泼到莱博娜的脸上。雷沃内吗？——是的。但莱博娜呢？——不可能，连苍蝇都不能飞到她脸上！

"小黄蜂！"正如她跟外婆和多拉阿姨说话时那样，莱博娜很喜欢说话时发出嘶嘶声。"小黄蜂会在这个年纪把肚子搞大，让可怜的迪库·迪卡抚养，或者把他逼疯。你听我说，希比拉，多拉，这里——"她在手上吐了口唾沫，手指指向天空，"老天在上，如果过段时间她没怀孕，我就咬自己的胳膊肘。"

"不，别这么说，太邪恶了。"外婆说道。

"我还是要说我会咬自己的胳膊肘。"

之后我经常见到雷沃内，但我们谁也没提莱博娜。雷沃内在哥伦比亚找了个情人，这成了我们这里的热门话题。他叫法尼亚，来自第十大街的XY农场。他长相帅气，脸部轮廓棱角分明。我对他的仇恨与日俱增，很喜欢听大家说他的邪恶往事，但我没怪雷沃内惹出风流债。

雷沃内的父亲显然不喜欢这事。与他相邻的租户告诉我们，因为法尼亚和哥伦比亚，他经常用鞭子抽她，还对她采取更严重的暴力威胁。

"谁敢碰我女人，我就让他去班图乐！"那是法尼亚的回应，大家口口相传。班图乐是墓园所在地。每次他和雷沃内沿着巴伯街走到阿布杜尔的商店前，男孩子们就会把双手放在嘴边吹口哨。法尼亚走得像个英雄，他一定以为自己是个英雄吧。

突击搜查私人酿酒的警察往往来自刑事调查部，有白人便衣，也有非白人便衣，他们往往一起行动。穿制服的警察都是非洲人，听从白人指挥官和几个白人军士的调遣。犯人被警察押送到警局，通常只有两种方式：一是戴着手铐，不得不和一名警察一起去；二是手被铐在脖子后面，走到警局。非洲警察使用警棍时很残忍，好几次有人鲜血淋漓地走进警局，仿佛刚从疯狗堆里爬出来。如果拒捕，警察总是说，"你自己去跟白人说"，还一边说一边打你，用警棍戳你，或者给你一巴掌。

突击搜查酿酒的黑人警察中，有一个黑人，大家都叫他"大脑壳"。他的头骨超级大，就像水牛的脑壳那样大。外婆常说，"你为什么不用大脑壳"，意思是指我们家最大的那口锅。用它烧粥，只需烧一次就够全家人吃了。很快，我们把那口锅称为"大脑壳"。

"大脑壳"精力充沛，比他的白人主人更有精力。无论到哪搜查，他总是无情地掠夺。他会伪装成工人，走进某间房子说买啤酒。结果，他不是去喝酒，而是去抓人。一提他的名字，喝酒派对就会宣告结束。啤酒被抛出窗外，或放回院子的地洞里，或藏在地板下，或倒进炉子上的锅里。他的名字家喻户晓。

一个星期三还是星期四的晚上，大家都没料到警察会过来检查。"大脑壳"那天是单独行动，三个男的一拥而上，把他眼睛蒙住，拉到了第二大街尽头的种植园。后来他的尸体被发现吊在污水处理中心的一棵树上。

就在这一非常时期，报纸上的头条是"联合！两个政党的联合！赫尔佐格将军执掌政府"。阿非利卡人的国民党与包括讲英语的人在内的温和派组成了统一党，反对党是极端民族主义者。这整个局势对我来说，就是个谜。但我并没有因为这事夜不成寐。我不知道马拉巴斯塔德有多少人了解这些有影响力的政党……晚上老鼠从我头上跳过，虫子尽情吮吸我的血液，但对它们来说这根本就没什么用。

第十七章

圣彼得中学

我以优异的成绩通过了六年级考试。三、四年级时，我很羡慕那些名列前茅的男生，对他们脑子里都装了些什么浮想联翩。他们轻而易举就能取得好成绩，我却必须非常非常努力才能通过考试。能以优异成绩通过考试，使我对自己多了点自信，班主任送了我一本英语冒险故事作为奖励。

我的两个舅舅还在念书：一个在彼得斯堡的圣公会职业技术学院，读三年制的师范专业，一年回家两次。小舅舅就读于圣公会复活社①下辖的圣彼得中学。正是他建议我母亲，如果经济许可，可以让我去他们学校念书。母亲做帮佣，每月赚三英镑，我的学费是每年十五英镑。弟弟妹妹上小学，也需缴纳学费和书费，

---

① 成立于一八九二年，是一个修道团体，在其领导下南非民众开始了反抗种族隔离的斗争。

但母亲仍决定送我去念中学。她对我说："等你学成归来，就有能力照顾自己和弟弟妹妹了。"

外婆最自豪的便是将三个儿子送进了"大学"，"大学"是她的叫法。小儿子去了纳塔尔的一所学校，学汽车修理。在那里学了三年后他很后悔，因为没有汽车修理厂会招非洲人做技工。欧洲工会不允许，政府也不认可非洲学徒。现在他是一个公交车稽查员，也不敢奢望其他。"想把孩子送进大学，就得多挨饿，多节省，多操心。"外婆经常这样说，"但一些人并不知道这一点。"

圣彼得中学位于罗塞滕维尔，是约翰内斯堡南部的一个白人郊区。少数几个走读生来自附近矿区，其中四五个印度男生来自约翰内斯堡市中心。

我于一月中旬抵达圣彼得中学。第一次踏足这里，心里十分震惊。学校是那么安静，建筑是那么雄伟，一砖一瓦都透出一种永恒感。尽管和我同行的还有两三个马拉巴斯塔德卫理公会学校的男生，但我还是觉得摸不着北。

早上六点，修道院的钟声响起。多年来一想起圣彼得中学，我就会想起这钟声。和一群男生挤在一个宿舍，我一点也不开心，之后我着实被约翰内斯堡男孩那狂野的精神吓了一大跳。第二天早晨，住在利文斯顿宿舍的我从梦中惊醒，依稀记得梦里有一头彼得斯堡公羊，它脖子上系着铃铛，叮当叮当作响。突然，那羊变成了罗杰修士的脸，他正站在我们窗边敲起床铃，慢慢地，我对他和铃铛的存在习以为常。

其他宿舍的名字分别是格雷、卡马、林博、菲利普及莫弗特。包括利文斯顿在内，学校宿舍共容纳了约两百名男生。

教室虽然简陋，但比马拉巴斯塔德的棚屋却好得多。另外，科学实验室的设备也很齐全。

男生们轮流到餐厅做工读生，从半英里外的乳品店拿牛奶回校。我们还要打扫宿舍和教室，使一切井然有序。每星期舍长或总领袖生会检查我们的箱子，看我们是否清洗熨烫衣物。另外，地面、墙及床也会不时被查。

圣彼得教堂是德兰士瓦最漂亮的非洲教堂之一。它占地狭长，两边有四个小礼堂。每个星期天下午，罗塞滕维尔及附近地区的家庭帮佣和附近矿区的居民都会来这里做礼拜。

罗杰修士是圣彼得中学的舍长，为人严厉，思想却很开明。我知道他揍人特别狠，幸好我没被他逮到过。他会邀请一些白人来校开设专题讲座。圣彼得中学的学生在任何话题上都可以自由阐述自己的观点，这是我有生以来第一次觉得不受束缚。罗杰修士的胡子总是刮得很干净，他一头清爽的短发，走路迈着轻快优雅的步伐，一只手拿着他的教士服，另一只手则悬空着，如同演员上舞台一般。罗杰修士总是精力充沛，活力满满，但一笑起来，那笑声好像会驱散他嘴唇上的血液，使他的唇色变得黯淡无光。

"我想你一定认为自己很棒。"他很喜欢对男生这样说，"否则我会打你屁股……"他还会说：你家老牛最近过得好吗？（这是问我母亲的近况）……你好，你这个老不正经的家伙！（这是为了故意惹怒那位上了年纪的拉丁女教师，她走路时头会有点歪）……别老发出这么恐怖的声音，行不行啊，老伙计？（这是对一位身材丰满的女士说的，她负责管理圣阿格尼丝的女生寝室，在教堂里咳嗽得厉害，平时总是去小礼堂做礼拜）……女生们进来时，你们这些男生表现得有些糟糕啊……对他来说，他的领袖生们永远都是对的。

　　我对中学教育丝毫没有概念，因此很长一段时间内很迷茫，对数学、物理和化学也一窍不通。学习优异的学生只是面带笑容，他们倾慕师长，沉浸在美妙的学习气氛中。他们走到离自己最近的黑板旁，在上面解答几何应用题和算术题，并以此为荣。随后他们会聚在一起，看谁做对了这些题目。

　　"你永远学不好数学，孩子。"我们的数学老师是非洲人，他生气时总这么说，这让我很难过。我知道他除了有点鲁莽，的确如大家所说是位优秀的教师。我轻而易举就能学好英语和拉丁语，并在这两门课的年中考试和期末考试中取得第一名的好成绩，但对数学一窍不通。我只能在放学后，按照自己的进度慢慢解出图形题、应用题和方程式。有关算术的一切我都讨厌，我讨厌股票与股份、被除数和百分比的计算。

　　在圣彼得中学，我第一次意识到白人的生活方式和人生目标是什么。圣彼得中学的白人与我们及黑人教职工都能和睦相处。罗杰修士、校长及教会的神父们没有教我们应该怎样看待校外的白人和白人政府。但渐渐地，我意识到我是多么讨厌校外的白人啊！

在比勒陀利亚，我多次看到皮肤被晒黑的阿非利卡人监督一群非洲工人在路上干活。那白人耸着肩，手插在口袋里，颐指气使地下达各种指令。起初我觉得这理所应当，他就该站在那里，就该在那里指手画脚。但如今遇见类似的情形，我却满是无力的愤怒。

罗塞滕维尔和比勒陀利亚之间开通了双层巴士，为欧洲人提供服务，有色人种只能待在巴士二层的一个小角落里，一直如此。一些白人售票员会让黑人乘车，另一些售票员却不这样。所以，大多数情况下我们只能步行或搭乘黑人专坐的不定时电车。一个星期六下午，我和同学冒险乘巴士返校。售票员过来时，车子已经驶出了比勒陀利亚市区。他戴着一顶很丑的帽子，帽子下面是凌乱的头发，他怒视着我们。

"你们在这里干什么？"这只年轻的熊咆哮道。

"我们要回学校。"说着，我拿出了学生证。

"黑鬼不能上车。"

"我们只是有色人种。"我的同学说道。

"你就是个黑鬼，还跟我说什么有色人种！"这只年轻的熊说道。那时，没有一个欧裔乘客回过头帮我们。他们冷酷的后背和脖子令我印象深刻！

"下车！"年轻的熊喊道，并按了下车按钮。

车停下后，我们下了车，从离学校约四英里的地方走回学校。我和同学一言不发，只是长长地叹息。那天下午，我们就这样一步步走回学校，每一步都加深了我对白人的愤怒与憎恨。

星期天下午是每周的出游时间。总领袖生带着我们去附近爬山，圣阿格尼丝的总领袖生走在最后面发号施令。我和两位朋友走在柏油路的左边，他们是比勒陀利亚人。突然两个白人骑着摩托车迎面呼啸而来，我们连忙跳上了人行道。

"滚开，你们这些布尔人！"我冲动地喊道。他们折了回来，总领袖生过来询问情况。他们向他告状，但他不肯听我们的解释。

"你们想让欧洲人把我们从这里赶出去吗？"来自约克郡的胖校长对我们俩这么说（另一个男生已经置身事外），"什么？你如果骂他们，他们就会这样做，知道吗？"

我们通常称唯恐天下不乱的泽弗奈亚学长为"泽弗"。他长得又高又瘦，穿着大大的矿靴，有着斗牛犬一样的鼻子。我们的校服是卡其色衬衫和短裤，平时我们都这么穿，泽弗学长也这么穿。虽身着普通的校服，他看上去却与众不同。他大大方方地站在辩论台上，预言南非白人的统治和英帝国主义终将灭亡。他很受欢迎的英雄论断是："一个国家若没有武装力量，就不能算是一个国家。"政治辩论赛刚开始时，他们的话于我只是一堆杂乱的文字。听着听着，我开始融入其中，回想起自己在比勒陀利亚凌乱的生活片段：贫困、母亲的顺从、多拉阿姨的强硬；外婆联结了过去与现在，却不纠结于其中任何一个；警察的突袭、九点五十分的宵禁铃声、遇到白人时的遭遇和耻辱。但我脑海中只成功再现了梦魇般的经历，这反而削弱了我的理解力。

一九三五年是我在圣彼得中学学习的第一年。那时，我结交了两个有色人种朋友。一个是托马斯，他父亲是跟我同部落的黑人，母亲则是有色人种。他跟我一个宿舍，可爱又聪慧，但他的强迫症很严重，拼命想要触摸周围的所有事物，比如树、墙、椅子，甚至是某个人的鼻子。他会因为想要摸什么，讲着讲着突然就不说话了，然后用手或鞋尖碰某个东西，再抬头时神色迷茫，好像碰到的这个东西会减轻他的负担似的。想要知道电流流入水槽是什么状态？看看托马斯就知道了。他老跟我们说起一个女孩，还随身携带她的照片，并信誓旦旦地说要娶她为妻。托马斯不像约翰内斯堡的大多数有色人种那样高高在上，他一直很谦虚。他总说自己一直以来都这么乐观，是因为上嘴唇比下嘴唇要厚一些。可惜我的下嘴唇比上嘴唇厚，这可能是我比较悲观的原因吧。

我的另一个有色人种朋友是彼得·阿伯拉罕姆斯，他现在成了著名小说家。我记得他跟我们谈起马库斯·加维时，理所当然地认为我们一定对他有所了解。他还说如果其他国家的黑人能回到非洲，就太棒了。阿伯拉罕姆斯会在自己的练习本上写诗，还读给我们听。他年纪不大，却写出了学校指定教材上那样的英文诗，令我深感佩服。我现在还依稀记得他的诗带着丝丝的忧郁，以"我是黑人，我以此为荣"为主题，极力为黑皮肤辩护，并以黑为荣。

一对犹太夫妇住在学校附近，男的健壮结实，一头红发，女的身材丰满。不知怎么的，他们和彼得成了朋友，经常来学校探望他。彼得以这份友谊为荣，这令我们有些困惑又有些崇拜。"你知道吗，彼得有白人朋友。"男生们一谈起他，都这么说。我觉得他是个胜利者。我模模糊糊地觉得，受马库斯·加维的影响，他总是向往远方。他过去总说他想向白人证明，他和他们是平等的。我惊讶于他的这种想法，那时我还从未有过这样的想法。

彼得只在圣彼得中学待了一年，但即使那个时候他也没有真正成为我们中的一员。有些人离开学校后，仍常被提及，如全能型选手、短跑选手、一英里赛跑运动员、跳高运动员和护花使者等，他却不是这样。

能在学校图书馆阅读大量的书籍，真是太好了！小学时我读了衣衫褴褛但精力充沛的塞万提斯的作品，那是我第一次与名人"接触"。之后我知道了更多的名人，如罗伯特·林德、艾尔弗雷德·乔治·加德纳、艾迪生、斯蒂尔和戈德史密斯。接着，我又接触了莎士比亚、狄更斯、史蒂文森这些名家。我特别喜欢朗诵的诗是罗伯特·赫里克的《致水仙花》。

我们喜欢情景表演，喜欢将自己的作品改编后表演，这也激发了我对戏剧的热爱。那时我爱上了原声朗诵，喜欢在马拉巴斯塔德的音乐剧舞台上发出坦尼森的怒吼"气啊啊啊，气啊啊啊，气啊啊啊啊"，或者演绎拜伦的《塞纳克利的陷落》。此外，我不需要在表演前喝清嗓护喉的功能饮料！

我们的英语老师是位英国女士，我们很喜欢她。但我们不喜欢芬克太太，她是阿非利卡人，教我们她的母语，那是我们国家的第二官方语言。她长得很高，一头长发，瘦骨嶙峋，喜欢穿紧身裙，讲话带着夸张的喉音。托马斯以前经常调侃她，说她就像《圣经》中的盐柱①。

芬克太太身着紧身裙，脚踩高跟鞋走进教室，站在我们面前，那时我们就知道她不喜欢我们。她维持着一种优雅的姿态，头微微斜着，喜欢整理并不杂乱的头发，显出一种病态的风情。我们认为她这种疯狂可悲的举动是为了保持年轻美丽。她总是吸吸鼻子，然后说："噢，这教室好臭。"她还经常用英语威胁我们："我会把你从窗户扔出去。"我们老说她怎么不去教白人小孩。十八个月后她离开了我们学校，很快被我们遗忘了。

我们的算术老师是黑人，我们给他起了个绰号叫"六六"。他

---

① 《旧约》中亚伯拉罕的侄子和妻子逃离罪恶之地所多玛时，他的妻子因回头看而被化作盐柱。

有一件夹克特别短，只到臀部，袖长不及手腕。大家都说他在矿区的百货商店花了六先令六便士买了这衣服。那商店的一边卖带腥味的肉、油腻的肉汁和大块面包，另一边卖衣物。

罗杰修士有个习惯令我们不喜欢。只因为有个男生偷了其他人的手表或背心却没有坦白，他就让所有住校的男生斋戒一整天，饿着肚子背诵《苦路十四站》。

征得母亲的同意后，我加入了圣公会，还施了坚信礼。一看到那里的盛况和服饰，闻到仪式中焚香的味道，我就激动不已。那里的布道者，修道院学院的非洲学生教士和欧洲神父，不像卫理公会派、路德教会或是非洲循道卫理公会的牧师和布道者那样大喊大叫，因此我能够全心全意将自己的情感与信任交付给它。

我在圣彼得中学学习了六个月，寒假回到比勒陀利亚的街上时，竟然还觉得有些陌生。我的老同学有的很高兴能再次见到我，有的却不愿和我再有联系。但能去寄宿院校念书十分难得，因此我们这些幸运儿被他们视为小英雄。我对环境的适应性特别强，假期里我仍会扫地、煮饭、取送衣物，直到中学毕业。

"你这几个月去哪了？"我去取衣物时，"酒瓶子"这样问我。她的日子过得并没有比我离开前差。

"在约翰内斯堡的一所学校，小姐。"

"学院？"

"是的。"

她哼了一声，打了个哆嗦，好像在说："那是你的事，跟我无关。"

"之前来拿衣服的是你弟弟？"

"是的，小姐。"

"你弟弟真粗鄙，我只能这么说！竟然还嘲笑我。"我又给她跑腿买酒，然后拿着那一先令离开了。之前我弟弟赚这钱，尽管他不够礼貌。

我知道"酒瓶子"的意思。我弟弟所罗门笑点很低，看到其他人的不足时尤其如此。如果有什么事令他困窘，又不会令他发火时，他就会哈哈大笑。"总有一天，你的嘴会因为老是笑别人而闭不起来，直至死神降临。"外婆总这样说，她知道她没法帮我弟弟改掉这个恶习。

所罗门喜欢恶作剧。他笑的时候非常自得其乐：扭动身子，大幅度地摇头，眼睛紧闭，腰身摇晃。老瓦卡利萨是我们家的老朋友，他在土著事务部工作。假期所罗门就在他的部门打工。

一天下午，他俩搭乘同一辆公交车回家，面对面坐着。下午五点半，从瓦卡利萨那里传来微弱的铃声，像是厨房的闹铃声（所罗门这样说）。所罗门开始止不住大笑，所有的乘客都转过身，伸长脖子看到底发生了什么事。那声音是从瓦卡利萨的小箱子里传来的。事后所罗门说，那时的瓦卡利萨坐立不安，十分无助，看上去像是老了好几岁。公交车里传来一连串的笑声。

"他为什么不打开箱子把它关掉？"我十分想知道这一点。

"他箱子里有好几瓶酒。"

我始终怀疑所罗门知道事情的来龙去脉。果然，他是知道的！瓦卡利萨在城里买了个闹钟并让所罗门放进箱子。所罗门发现箱子里有很多酒，就想出了一个主意：定一个闹钟，并确保坐车时闹铃会响起。他想知道在明知打开箱子就会有人注意那些酒瓶的前提下，瓦卡利萨该怎么把闹钟拿出来。非洲便衣警察经常在公交车里晃悠，瓦卡利萨根本不知道谁是警察。

"他可能会被捕的！"我倒吸一口冷气。

"他为什么带这么多酒？明知道这是犯法的，再说他还是个黑人！"

所罗门笑着讲述了瓦卡利萨从闹钟事件中脱身的经过，当时瓦卡利萨已经满头大汗。

"告诉你母亲，我讨厌你的嘴脸。"胸部丰满的雷尼克太太说，"在我看来，你真是个无赖。"所罗门却笑了。这终结了我们与她长达五年的洗衣业务。我还听说辛格太太的那只喝茶的狗，一不注意竟被喂了带玻璃碎片的茶水，最后他们不得不杀了它。我对狗的遭遇没有特别的想法。戈德史密斯先生和以前一样很会发脾气，我回校三个月后他却突然离世了。

雷沃内和之前一样善变，而且比之前更冷淡。现在她和法尼亚关系一般，他好像是为了面子才和她在一起的。她父亲的生意转好了，所以雷沃内回校继续读六年级。

母亲给了我五个先令，这是我五个月的零花钱。

对我来说，一九三六年就这样平静地过去了。乔治五世去世那天，我们没有上学。那年为了庆祝成立五十周年，约翰内斯堡还举办了帝国展览会。老师们参观了展览会，我们却被那些白人恶棍暴力驱赶，先被赶出了某些展厅，之后又被赶出了展馆。

我的数学还是不好，也参加了考试，但我的成绩在班里依旧名列前茅。

一九三七年中考时，发生了三件大事。

那一年，乔治六世继位，加冕那天全国公休。学校发了小圆面包和冷饮，冷饮装在印着国王头像的大"祖母杯"里。那些成绩差的男生决定抵制这一活动，拒绝吃小点心。学校里大多数男生纷纷效仿。我们砸碎了杯子，说只要有一点点自尊，就不能接受这些点心，因为我们迫切想要的却没有给我们：我们想要更多的学校、更多受高等教育的机会，我们想要父母亲获得更高的工资和更好的住所。校方对我们的举动无动于衷，我们感觉被轻慢了。我们试着为一切狂欢，试着为没有什么特别的事而欢欣鼓舞。

星期天出行日的早上，我跟圣阿格尼丝的一个女孩做爱了，她来自金伯利。在疯狂的急速征服后，我并没有感到胜利的快感。第二天，星期一晨休时我们在东正教风格的广场上碰面。从一个教室走到广场附近的另一个教室时，我一直试着微笑，一种强烈的窒息感油然而牛。我捡起脚边的几块石头，不敢看玛丽亚·劳的脸。托马斯后来问我这事时,他脸上的傻笑真是太让人讨厌了。"兄弟,你应该把上嘴唇再拉厚些。"他说。

我感到空虚,又感到强烈的负罪感。"你不能不及格,你一次考试都不能不及格,孩子。"母亲的话日日夜夜在我耳边回响。我很害怕,总怕自己考试不及格,令母亲失望。因此,两周后我带着难以启齿的目的去了圣阿格尼丝。

"我不能和你在一起,我们必须分手。"我对玛丽亚这样说。我绞着手指,害怕的是伤害到自己的感情而不是她的感情。

"为什么?为什么?"

"我很忙。"

"再忙的人也要谈恋爱啊。"她说道。我觉得她太天真了,我摇了摇头。

"你不爱我了吗?"我希望她不要那么可悲。

"我,我爱你,我当然爱你。"

"那我做错了什么?"噢,不,那一脸受伤的样子,不该出现在现在,也不该在圣阿格尼丝。不该是现在!

"不,没有。"

"那是为什么?"

"我有太多的事要做。"如果她再这样刨根问底,我就要疯了。

"你喜欢上别的女孩了!"的确如此,我心里有什么东西啪的一声断了。但我只是麻木地坐在她旁边,我们沉默了很久很久。

"噢，我该走了。再见!"

她温柔的脸上满是对我的控诉，那表情经常在我脑海里浮现。

不久我精神崩溃，年中考试一塌糊涂。我一直觉得如果我考不及格，母亲就没钱供我再读一年了。于是，我重新振作起来，投入学习中。

一九三七年，我和托马斯在内的三个男生以优异的成绩通过了期末考试。不仅如此，我数学得了 A，拉丁语得了 B。算术勉勉强强通过了。"你该给你的上嘴唇动动手术了。"托马斯在信中这样写道，"朋友，你为什么不给自己自由呢?"

那时我把中学毕业证书裱了起来，挂在墙上。现在它还是老样子，只是没挂在墙上了。

报名参加考试时，托马斯没有用他原来的非洲姓氏，而是写成了"贝内特"。他说如果毕业证书上用他原来的姓，就不能去有色人种或印度人的教育学院念师范专业。他没想过去非洲学校教书，那里工资太低了。这是真的，有色人种教师和印度教师不需要大学文凭就可以得到不错的教师工作，工资是资历相同的黑人教师的四倍。

不知怎么的，托马斯这样做并没有让我感到失望，但我希望自己不会这样做。另外，这事对我来说似乎太不可想象了。

第十八章

与 白 人 的 纷 争

接下来该做什么？作为优秀中学毕业生，接下来我该做什么？去考大学？然后呢？南非福特海尔大学？钱哪里来？

"他读大学的钱，你有吗？"圣彼得中学毕业的舅舅这样问我母亲，母亲奇怪地看着他。

"有，上帝会帮我赚到足够的钱。"

"那他必须去福特海尔。这里不会要中学毕业生，他们只会嘲笑他。"

"你对这些事情很了解。"母亲说，"告诉我该怎么做，我毫无概念。"

"去读师范专业。我读这个专业就是因为这个。等他成了教师，就有能力养活自己了，我现在就是这样子。这个专业最好的学校就是我的母校，位于纳塔尔省的阿达姆斯学院。"

"是圣公会的吗？"

"是美国公理会的。别担心，会录取他的。姐姐，你之前帮我完成学业，作为回报，他去纳塔尔的火车费就由我来出。但现在申请入学有点迟了，他得工作到明年一月，先赚点服装费。"

"他想去阿达姆斯念书吗？你想去吗，艾捷基？"

我自己也不知道想要什么，所以我就同意了。

第二年，也就是一九三九年，我要去阿达姆斯学院念书。

回到比勒陀利亚，我走街串巷找工作。其中的每个过程我都很讨厌，因为我遭受了各种羞辱。最后我终于找到了一份工作，为一家律师事务所送信。老板是个令人生畏的巨人，多次尝试跟他问好都失败后，我就再没跟他说过"早上好"。可能是因为他的耳朵太高了吧，他好像从来听不见我说的话。在某些事上，我觉得他就跟个吝啬鬼似的。清洗他桌上的墨水瓶和大玻璃杯时，我会战战兢兢。我们从来没有过任何眼神交流，所以我把他视为一台只靠意识发电的机器。

我在高层建筑的楼梯里跑上跑下，在这里，黑人不能搭乘电梯。我负责沏茶，还给白人女孩跑腿。她们一见到我就会给我下达指令。她们先关掉录音机，拿起手提包，用有着长长的红指甲的手在包里翻翻找找，接着派给我一些私人差事，还用一连串的"你听到了吗？你听到了吗？你听到了吗？"加以强调。这份工作周薪一英镑，工资母亲帮我存着，她每周给我一先令看电影。相较于上学时五个月五个先令的零花钱，这可是一笔小财富。

白人总带着高高在上的优越感，让我很难跟他们相处。"知道了，约翰。""知道了，吉姆。""小子，你想要什么？"我自己也很清楚我的回答方式有多粗鲁。有几次几个白人小伙因为我的"粗鲁"想要揍我一顿，让我尽好黑人的本分，幸好他们总是逮不住我。

我焦躁不安，"敏感"是我的仇敌。隐约觉得某个白人的言辞里有一点点针对我的嫌疑，我就觉得被冒犯了。我时常情绪低落，越试图变得释然，脾气反而越暴躁。晚上我突然醒来，一身冷汗。我在黑暗中坐起身，回想白天与白人不愉快的经历，某段对话在我脑海中挥之不去，让人难以释怀。我本该对那白人这么说的，却因为没有机会也没有勇气说出口。给隔壁职员打电话的那个女孩，说着一口阿非利卡语："先生，有个黑鬼送文件来了。"上了年纪的职员蹒跚而来，问我："吉姆，邮政总局在哪儿？"邮局的职员在柜台后面喊道："你们这些黑鬼，该死的，不排成直线的话，我是不会给你们办业务的。"欺辱一个接一个袭来，那么清晰，那么恶毒，折磨得我难以入眠。

我还是会去圣公会教堂。对我来说，那里的浪漫气息已经不那么重要了，但在外婆家我不得不这么做。虽然我偶尔上一次教堂，但我告诉自己我也是教徒。

自从我去圣彼得中学上学以来，马拉巴斯塔德已有所变化。

隔壁那个聒噪的莫洛伊和来自班图乐的伊萨克去了北部的教师培训学校念书。住我们南面的丹尼很聒噪，喜欢模仿保罗·罗伯逊主演的电影《桑德斯河》中的划船歌，他也跟着他们去了那所学校。患有肺结核的吉他手希基越来越瘦，但在郊区做女佣的卡特里娜依然爱着他。我很多同学在城里送信，他们很多人已经完全融入马拉巴斯塔德的生活，比如：去哥伦比亚舞厅；参加星期天下午的库存展销会，会上俱乐部成员拿出份子钱一起吃喝玩乐；参加周末的足球和网球活动；等等。我还是某个学生社团的成员呢！每年十二月我们都会相约，在元旦前夜举行一场通宵舞会，元旦那天还会一起野餐。

　　与其他许多大城市一样，比勒陀利亚的政治活动也很盛行。所谓的赫尔佐格种族隔离法案是黑人诸多痛苦的根源。我们拿到的是单独的选民名单，只能选举国会的白人议员和土著人代表委员会这一议会外的黑人议会组织。法律彻底巩固了居住隔离制度，黑人只能购买规定区域的地皮，不能从白人手里买地皮，反之亦然。

　　一九三八年我在比勒陀利亚工作时，南非非洲人国民大会①（ANC，简称非国大）组织的周末政治集会十分盛行，我纯粹出于好奇参加过，却从未弄懂到底是怎么一回事。我读中学前，第五

---

①最初叫南非土著人国民大会，一九一二年一月成立，一九二三年改名为南非非洲人国民大会，目标是为南非黑人争取政治、经济权利。

大街的青年泰坎常喋喋不休地谈论政治。我们觉得他很疯狂，因为他经常闯入我们狐狸帮的秘密集会，告诉我们白人有多邪恶。当然，他也会说一些我们每天都能感受到的事。非国大比勒陀利亚分会的建立，给泰坎提供了一个好机会，让他可以参加一些有益的活动，但这些活动令人困惑。一些老人说他父亲不该送他去福特海尔大学读书。按照他们的说法，大量的阅读让他的脑子里长了虫，这条虫在他脑子里蠢蠢欲动，想找到一个出口。泰坎的父亲在他读文科二年级时，不再供他上学。他们无力承担学费，所以泰坎回了家，他将自己的政治理念与宗教预测相结合，认为终有一天黑人干的脏活累活，白人也会干；白人会和黑人一样辛苦赚钱，住在马拉巴斯塔德这种地方，尽情享受污水工程的臭味。黑人则终将拥有白人现在的地位。这是上帝的旨意。一九三八年冬天，泰坎在蓝桉农场的一棵树上上吊身亡。

非国大一名面带菜色的高个子官员，在聚居区以卖肉为生。他长着鹰钩鼻，颧骨突出。一天，他病倒了。病入膏肓时，有人说他以前侵吞过非国大的资金。钱自然是不见了。所有官员都把矛头指向他。最后口头公告说他病危时，他的心还没有停止跳动，因为那时他朝周围的人大喊，说他把盗来的纸币都扔火里烧掉了。在有人在他床边不断祷告后，他终于撒手人寰，留下我们独自面对赫尔佐格的种族隔离法案。

一个星期天的晚上，目睹了野蛮的马莱塔人被踩踏后，我鼓足勇气向雷沃内告白。那天有人被白人警察骑马撞倒了，这和我们白天追打马莱塔人有所不同。我很难过，所以我和雷沃内见面也是为了寻求一种慰藉。

她笑道："艾捷基，你在跟我开玩笑吧？"

"我怎么做，你才能相信我是认真的呢？"

她顿了一下，说："这不可能。"

"但我是认真的。"

她笑了，自然而低沉的笑声告诉我她的答案不是我想要的。我无法抑制自己的烦躁。

"那法尼亚怎么办？"她突然问，"你现在一定不是认真的。"

"噢，忘了这件事吧！喂，帝国电影院最近在放什么电影？"她说。明星电影院已经改名为帝国电影院了。

我告诉她尽管我很想约她看电影，但因为法尼亚的存在，我不敢约她。外婆现在允许我晚上出门，只要告诉她我去哪儿，只要我的要求不过分。

星期天晚上，马拉巴斯塔德在昏睡。这时有人可能步履蹒跚，摇摇晃晃地沿着第二大街闲逛，嘴里哼着歌，声音沙哑。这里某个地方的某个聚会上，铜管乐可能还在嘟嘟作响。周末即将结束，激情的周末时光即将结束。明天就是工作日了。最后一位顾客手里拿着我弟弟给他买的猪脚，心满意足地离开了。离开前他去了后面的厕所，他靠着墙，头枕在弯曲的手臂上，偶尔抬头看看天空，好像交替指挥着体内的机器控制尿液的排放。我知道明天弟弟打扫又臭又脏的厕所时，一定会抱怨个不停。聚居区心脏地带的尖叫声和叫喊声不时传到第二大街，虽然这颗心跳动微弱，却让人想起周五晚上以来它赋予我们的周末生活，精力充沛的周末生活。

我从雷沃内家出来三个小时后，她突然焦躁不安地冲到我家，找我外婆。

"他杀了他，一个警察。"雷沃内说。

"谁杀了谁？"多拉阿姨问。

"爸爸，爸爸他杀了一个白人警察。那警察死了，就这样躺在地上。"

"过来，孩子，我们去看看。"说着外婆拿起黑色围巾，多拉阿姨和两个舅舅也跟着出去了。

第二天，雷沃内跟我说了事情的经过。她告诉我的和后来她父亲在法院受审时她的证词一模一样。她是这样说的：

"当时我们正在睡觉，爸爸睡在房间那头，我睡在这头。爸爸很累，睡得很香。他把食物留在桌上，爸爸胃口很好，但他没有碰这些吃的，所以我把食物留在桌上，想等他晚上醒来后再吃。听到敲门声时，我还没睡着。我问：'谁啊？''我是警察，开门！'门外的声音听上去很粗暴很生气。我说：'我怕你是骗子。我怎么知道你是谁？''开门，黑鬼。'他大喊。这时我知道他是白人，也知道他一定是个警察。我很怕爸爸因为我叫醒他而吃了我。但我还是叫醒了他，告诉他门外有个白人警察。爸爸问道：'什么？白人警察？'我走到门边，告诉他我爸爸会来开门。我看了看爸爸，他满脸怒气。但他又在发抖，他见到警察总是发抖。一个白人警察独自一人站在门口，帽子上别着大大的、闪闪的警徽。'为什么让我在门外等了这么久？'他冲我爸爸喊道，'嗯？你这个黑鬼，你在藏什么？''什么都没藏。'爸爸回答道，这是他说的最后一句话。'你就是张着嘴呼呼大睡？要不然你就是忙着和你的婊子在毛毯里乱搞。'他说的是我，因为他讲话的时候指着我。爸爸很快不抖了，好像我之前见到的都是错觉。白人警察走到爸爸的床边，把床垫和铺盖扯了下来，不知道在找什么，可能是欧洲的烈酒吧，我猜。他不停地骂人，然后又走到我床边。他俯身翻我的床时，爸爸不再抖了，他拿起桌上的水果刀，就往这人身上刺。警察抬头看爸爸，爸爸把刀深深刺进他的脖子。警察就这样倒在了地上，两腿不停乱蹬乱蹬，还抽搐。爸爸却冷眼旁观，只说了一句：'上帝做证，我迪库·迪卡，再也不怕警察了。'"

雷沃内事后告诉我，迪库·迪卡曾告诉她不该隐瞒任何事实，必须说出全部真相。她在法庭证人席上这么做时，我第一次见她哭，她看上去那么脆弱无助。

迪库·迪卡为自己辩护时说："我杀了他，因为他侮辱了我，侮辱了和我有着相同血脉的所有人。"然后，他在法庭上把那白人警察侮辱性的言论重复了一遍。除此之外，他拒绝回答任何问题。

最后，迪库·迪卡被判死刑。我记得被警察带出法庭时，他看起来是那么强壮、那么纯洁。离开比勒陀利亚的前几天，我又一次看到了他，他看上去比以前更沉稳、更强壮、更可靠了。

我的两个舅舅在本地教书。小舅舅仍在汽修学校读书。以前我做的大部分家务活现在由弟弟所罗门和妹妹塔比萨负责。多拉阿姨跟以前一样脾气暴躁，富有活力。她还是经常说她只喜欢喜欢她的人，依旧喜欢吃肉。外婆六十多岁，仍在帮她洗衣服。外婆看上去更严肃了，发誓时仍会说"躺在坟墓里的老提多"。迪库·迪卡被处绞刑那天，不仅第二大街，整个马拉巴斯塔德、班图乐和开普区，乃至莱迪塞尔伯恩，气氛都无比阴郁。我没听到外婆说什么"根据保罗·克鲁格的法律，就该一命换一命"。

一九三八年，我一贫如洗，但与以往又有所不同。我不是说我家里一贫如洗，而是那一年我第一次打算买一套星期天穿的西服。我每个月给裁缝铺十五先令，交十个月。另外，我不能再到印度人的后院翻垃圾了。

一九三八年底，我给土著事务部送信，每月五英镑。我把文件从一个办事处送到另一个办事处，还负责泡茶，给打字员跑腿。在沏茶的小房间，等水烧开的过程中，有片刻的时间属于自己。我读了罗伯特·路易斯·史蒂文森的《黑箭》，狄更斯的《双城记》及斯科特的作品，在家里我也看一些书。一个身材粗壮的高个子女打字员监督我沏茶，她老是在织毛衣，使我经常想起德法尔热太太。另外，她经常给我一些她咬过的三明治，我每次都会拒绝，但她蠢得还是一直要给我。

我把这事告诉了外婆，她夸奖了我："不愧是我的外孙。"她说这话时十分严肃，好像我做出了正确的选择。外婆对茶十分讲究，沏茶也是一丝不苟。她给郊区的一位白人妇女洗衣服，有两天那位女士把茶装在马克杯里给她喝，她谢绝了。从那以后，去那里时她总会带一个小茶壶、一匙茶叶、一点糖、一套杯碟和一罐炼乳。"我告诉她，给她祖母的茶可以用马克杯，给我的却不能用马克杯。"

那些天我想起了外婆的很多事。她是柏林路德教会传教士严格教条下的产物，这种教导破坏了德兰士瓦省东部非洲人的个人主义，使他们屈从于白人的统治，生活在半农村的贫民窟。她也是保伦牧师纪律守则下的产物。被保伦牧师在布道坛上宣布有罪的人会被罚入地狱，我们应该让一些人远离教会，对一些人则是观察后再做决定，对一些人则应该宽恕。尽管外婆在某些事情上会让步，但她又像猫一样捍卫她的个人主义，白人没法用法律的武器予以剥夺。

就在我动身前往纳塔尔的学校前，法尼亚不见了。雷沃内给我看了她父亲的一些遗产和遗物，包括他存的钱、交易记录和邮政储蓄等。他的笔迹粗犷，彰显了这个男人的大气。得益于女儿为他补课，他存下了一笔可观的钱财。他问雷沃内是否愿意读师范专业，她欣然接受了他的建议，去了凯尔纳顿培训学院读师范专业，那是比勒陀利亚卫理公会教派的一所学校。变卖了她父亲的生意及其他财产后，她把钱交给学校的权威机构托管。

我们经常通信，她老是警告我不要把信写得太富激情，不然这些信很难通过女舍监的审查！

第十九章

阿达姆斯学院

我们乘出租车抵达阿曼齐托蒂（祖鲁语中意为"甜水"），那里离德班二十二英里。走了几百码后，我们进入了一个新世界——阿达姆斯学院，祖鲁人把它叫作"阿杜姆斯学院"。阿达姆斯学院有四百人，是圣彼得中学和圣阿格尼丝总人数的两倍。该学院受美国公理会基金的资助，当时已有八十年的历史。阿达姆斯占地面积很大，从朱比利男生宿舍到教室、教堂或食堂，都得走很长的路。男生们从朱比利出来时，就像惊慌失措的羊群。他们还在阳台上大喊大唱祖鲁战争曲，对此我很快就习惯了。这里的男男女女块头很大，个子也高，体形不胖，不像我们内地人种族特征不明显、不精致。

首先，令我印象深刻的是石头建成的大楼、肆意生长的植被及轻而易举就能容下一个中等健身俱乐部的宿舍。这里的地板总是尘土飞扬，宽敞的宿舍传来床垫里半干的草的浓烈气味。我们这些从圣彼得中学出来的人立刻意识到不可能维持以前的卫生标准了。在阿达姆斯学院，没人会检查我们的宿舍和储物箱。这里也没有圣彼得中学引以为豪的学术氛围，阿达姆斯更像一个矿工院。

埃德加·布鲁克斯博士是阿达姆斯的校长。他下面还有中学部的校长，以及教师教育系、工业系和音乐系的负责人。布鲁克斯博士是联盟议会上院的参议员，是纳塔尔黑人的代表。他身材敦实，脑袋很大，看上去很有学者气派，他的上唇薄薄的，眼睛水汪汪的，看上去一副受伤又歉疚的样子。他曾在比勒陀利亚的阿非利卡大学任教，是政治学专业的教授。

每年一月至六月的议会会期，他前往开普敦开会，复活节休会期间回来几天。他不在时，布吕克纳博士行使校长职责。他是德国人，小得像只海狸，集哲学家、神学家、电气工程师和建筑家多种身份于一身。布吕克纳博士留着小小的山羊胡子，总是像松鼠准备过冬一样跑来跑去。因为他粗鲁无礼，我们很不喜欢他，但我们大部分人都非常尊敬布鲁克斯博士。

阿达姆斯有各种奇怪的非洲教师和欧洲教师，如：一脸倦容和无聊的男老师；脾气古怪，与传教组织有关的退休白人老教授；个子非常高大的非洲教师，其中一位笑容满面，却很不友好；表情冷酷的白人传教士们，在授奖演讲日那天总说我们太幸运了，能有机会接受教育。

我们男生宿舍的舍监是祖鲁人，身材臃肿，留着海象胡须一样的胡子。他的绰号是"萨卡布拉"（一种吃番石榴的鸟，校园里到处都是）。他总喜欢满嘴都是食物时吹饭后哨。他的哨声先是纯净的低音，紧接着是尖锐的高音。他的声音无力，眼睛下垂，胡子耷拉，大肚子上的皮带也是松松垮垮的。

布鲁克斯博士开设了未来领袖课程。他认为政府机构如部落酋长、地方议会、咨询委员会和土著人代表委员会，应专门为非洲人设立，这在民主进程中对非洲人的培养是有利的。这一课程的开设就是基于他这样的理念，回校时他教授这一课程。

但在阿达姆斯，我们没有圣彼得中学的言论自由。在圣彼得中学经常穿矿靴的泽弗也在阿达姆斯，念师范专业。他还是老样子，但觉得被封闭在这里，很不安分。

后来，他和三名同伴公然蔑视权威，在学校礼堂举行的音乐会上坐在留给欧洲教员的座位上。他们这样做的理由，正如他们所说，是不明白为什么欧洲教员可以有预留专座。但事实上，那些座位任何教员都可以坐。他们四个被学校开除，但后来又回来了，条件是他们必须接受惩罚，用手推车搬运一个多星期的泥土。

我总觉得自己好像被很多人踩在脚底下。在禁欲系的美国公理会氛围中，一个人必须走很长的路，到偏远的学校教书后，才能茁壮成长。

次年，我们男生罢课，因为我们相信给我们吃的肉来自死于某种疾病的牛。此次罢课运动的领导人被开除了。慢慢地，我们发现这是白人惯用的伎俩，无论何时，只要手底下的非白人被某些事情激怒时，他们都会采取这样的手段。不同教会学校的学生相互交流心得时，会发现各个学校都用了相同的伎俩，那就是找出主谋并开除他。

就在这时，全国出现了一系列罢课事件。福特海尔大学学院在这些事件中广受瞩目。一群精力充沛的年轻人正在成长，他们具有鲜明的政治意识。后来他们在两大政治阵营中寻找出路：一是非国大领导下的民主主义青年团，二是全非大会组织领导下的高级知识分子联盟。虽然后一组织不是很流行。

福特海尔的政治意识越强，传教机构就越难对付，也越无情。二十世纪四十年代政府开始建走读中学。在很多学校，政治期刊被禁，辩论活动也遭到了严格审查，因此政治讨论成了一种禁忌。被一所学校开除的学生根本不可能到另一所学校学习。第二次世界大战如火如荼地进行时，学生们也越发激烈，某些学校的建筑物随之被焚毁。即使"二战"结束，也没有产生任何安抚效应。五年后，校舍被焚数量仍在上升。一个路德教会机构还临时搭建了简易牢房。阿达姆斯学院的中学和图书馆大楼，都被付诸一炬。教会和传教士的领导却耸耸肩，说："他们在削自己的鼻子，这是在跟他们自己过不去……这是愚蠢的……他们必须付出代价……"

从知识层面上说，我的政治意识尚不清晰。实际上，我几乎将一切置于我的生活之外。我不能不及格，我不能不及格，这个幽灵又萦绕在我心头。然后，奇迹发生了：第二年纳塔尔省教育厅给了我奖学金，数额相当于我两年的学费。我之所以能有如此好运，是因为我在中考时取得了优异的成绩。母亲拼了命才赚了我的这些学费。我把钱都还给了她，但不包括书费，共约二十二英镑。母亲写给我的回信被泪水浸透了。她花了十五英镑起诉离婚，那时父亲离开我们已经九年了。案子顺利结束，因为父亲已经和第二任妻子结婚，还有了三个孩子。

离开阿达姆斯时，纳塔尔盛行的部落意识在我的记忆中挥之不去。那里主要有两种部落意识：一种是英国人的，另一种是祖鲁人的。印度人处于这两种部落意识的末端。纳塔尔省主要是祖鲁人的天下，一直以来阿达姆斯的大部分学生都是祖鲁人。他们不喜欢非祖鲁人来到这里，因此把我们视为入侵者，视为需要被避开的那部分人。他们觉得我们德兰士瓦人是危险的恶棍，迷信地认为我们口袋里藏有致命的刀子。

一九四〇年底，有人从里夫写信给阿达姆斯学院的校长，问能否推荐即将毕业的学生去盲人学校教书。教师教育系推荐了我，对这份工作我很感兴趣。我不知道这份工作到底哪里吸引了我，但我一直希望能成为一名教师。

我知道我对自己还缺乏信心。我有些抱负，又有点理想主义，还有对家庭生活的回忆，所有这些相互交织在一起。我很少想起父亲，随着母亲起诉离婚，以前的伤口似乎又开始淌血。炉子上煤油的味道，煮沸的土豆、肉片、肉汁和咖喱的味道；母亲的尖叫声；医院里的化学品味道及绷带；一个残忍的跛子……九年来，这些记忆蛰伏着，为什么还要被重新唤醒？母亲说："孩子们，你们还是保留他的姓。""这并不会把我们分开。"我们还是姓父亲的姓。突然，我觉得自己的人生似乎就是一个被中途放弃的大目标。

所以在不安的自我放逐中，我来到了艾泽恩泽乐尼，这里是德兰士瓦、奥兰治自由邦和纳塔尔省的唯一一所黑人盲人学校。当初给阿达姆斯写信的是阿瑟·威廉·布拉克斯尔牧师（现在是博士），是这里的负责人和秘书。我清楚地记得那天下午他开着面包车到罗德普特站接我的情景，那里离约翰内斯堡十二英里远。一九四一年一月，我二十二岁，非常困惑，对自己完全不确定。但当我来到艾泽恩泽乐尼工作时，却有一种宿命感。我每天花一个小时，跟着一本手册学盲打。文书的工作很轻松，此外我还负责其他事务。我跟着布拉克斯尔牧师学驾驶，大概两个月后便负责将盲人们加工的商品运到约翰内斯堡郊区和邻近的城镇。我用面包车运送篮子和床垫，有些床垫是干净的，也有一些闻得到尿臭味。早上我负责开车去取邮件，另外还教几个识字的盲人盲打，一周两次，这份工作我非常喜欢。我的月工资是六英镑十先令，如果我是全职教师，工资也就这么多。其中一英镑用于餐费，租金和住宿费通过其他工作抵消。星期天我负责带这里的盲人去半英里外的教堂，每月一次。我在英国圣公会教堂做礼拜，并参加小礼堂里布拉克斯尔牧师主持的晨间弥撒，我又一次觉得这就是宿命。

那一年我开始准备大学入学考试。日子过得很拮据，要买书，要给母亲寄钱，还要添置自己的衣物。在艾泽恩泽乐尼工作的四年半，我一点钱也没存下来。复习考试时，艾泽恩泽乐尼突然发现有必要重新调整住宿。我负责照看一批盲人，他们住到了贫民区的一所房子里，我也跟他们一起搬过去，就这样我有了自己的房间。盲人们把这房子叫作"银房子"，因为波形铁皮墙和屋顶新漆了银色的漆，即使后来我告诉他们这里被漆成了绿色，他们还是这么叫。"这可能会困扰你的眼睛，对我们却不会。"米沙克简单回答道。他后来跟一位视力正常的女教师结了婚，我还给他们做了伴郎。他们令人叹服，努力让自己融入周围的社交生活，如果这里真的有社交生活的话。我自己很少参加社交，只是全神贯注地复习。对我来说，唯一的变化就是多了夜间的尖叫声，从扩音器里传来的鼓声和喇叭声，犹太复国主义教派半异教、半基督徒的歌声。十八个月后我们又回到了艾泽恩泽乐尼，因为"银房子"的主人把房子收回了。第二年，我参加了南非大学六个科目的入学考试，这一考试主要针对校外学生①，对欧裔学生和非欧裔

---

① 获准入学并可参加学位考试的学生，有点像中国的函授生。

学生的要求一样。因为考试成绩中不溜秋，我觉得很沮丧。布拉克斯尔牧师要求每月付我十英镑的工资，再加约两英镑的生活津贴。我不能指望更好的待遇，因为有人跟我说管理委员会觉得这份工作只需具有中学文凭或初级教师资格证的人来做即可。同时，我自学了皮特曼速记，记得还挺熟练。

但我还是存不下钱。弟弟和妹妹都在比勒陀利亚读中学，是走读生，家里的花销不断增加。

我和一些盲人结下了温馨的友谊。其中，维利尔是基督教的布道者，后来娶了艾泽恩泽乐尼一位半盲的女生。我的朋友还包括长相机灵的米沙克和亚当·丹尼尔斯。亚当·丹尼尔斯是有色人种，从约翰内斯堡一个有色人种居住区到这里学打字，一周一次。他还学萨克斯。

我回比勒陀利亚度假时，马拉巴斯塔德即将搬迁，我们河对岸的聚居区早被迁走了。柏林路德会布道团向马拉巴斯塔德居民收钱购买土地，那地方毗邻市区的白人贫民窟，与马拉巴斯塔德一河之隔。就这样，马拉巴斯塔德的居民在分给他们的一小块土地上搭建泥棚屋。几年后白人不喜欢和黑人离得这么近，就要求市政府将他们迁走。当初的高层人士谁也没想到把这些人迁到其他地方，现在五千左右的居民又得四处搬迁，搬走前还拿不回当初给柏林路德会布道团的钱，因为有些人之前没拿收据，有些人的收据已经丢了。柏林路德会布道团却收了一大笔补偿金。后来这地方变成了白人的橄榄球场，再后来又成了市政公共汽车站。

这次市政当局主动与史沫资政府协商，征得其同意后将马拉巴斯塔德搬到了阿特里奇维尔，那里离市区九英里。一些租客很高兴能生活在三居室的房子里，里面有电气照明、抽水马桶和小煤炉，还有篱笆围起来的院子，远离了肮脏的马拉巴斯塔德。虽然房间只有十英尺乘十英尺大，但他们还是很开心。在马拉巴斯塔德有房子的那批人最可悲，因为补偿金很少。另外，他们之前拥有房子的所有权，在新的聚居区却没了房子的所有权，这一点并没有征求他们的同意。租房子的和有房子的都抱怨上下班太远，得乘坐非常糟糕的战时公交车。另外，等公交车的队伍总是很长，让他们的脾气更不见好。

外婆不得不适应这一变化。"这是白人的规定。"她含糊地说，"能在新房子里生活并迎接死亡也是好的。我不知道买这房子要这么多钱，日子不好过！但无论如何，我希望等我死了，可以和我男人一起埋在班图乐。白人是我们的上帝，我们还能怎样？很高兴我把所有的孩子都送进了学校，无论到哪里你们都能照顾好自己。所以，上帝永远与你同在。"

第二大街2A的房子被推倒了，我相信那里的老鼠一定四处逃散。外婆最小的孩子是公交车司机，他攒钱买了一块带老房子的地，有永久产权，位于莱迪塞尔伯恩，离市区十英里。外婆和他一起过。多拉阿姨和家人也在那里买了地和房子，其他两个舅舅在里夫教书。

我母亲不得不辞去帮佣的工作，回到阿特里奇维尔的新房子照顾我的弟弟妹妹。她找了份铸币厂的工作，每天通勤上班。

她越来越瘦，但和以前一样努力工作。她的勤劳和耐心在家里家外都很有名。"那耐心会要了人的命！"多拉阿姨经常责怪她。弟弟和妹妹决定不再念书时，母亲几乎崩溃，他们完全不明白读书的意义，还说他们知道我永远不可能有钱送他们去培训院校。母亲什么事都跟我商量，我却因为辜负了她的期望而感到惭愧。这些年来，我们一直分开住，现在我有能力和她亲近些，每年有几个周末我都会回去看她。母亲对我恩重如山，我却不能好好感谢她，感谢其他人为我所做的一切，我感到非常难受。她对我无尽的爱有时让我觉得，如果我们能吵一次就好了。同时，我也注意到她的力气大不如前了。

放假时我常去找雷沃内。她现在在马拉巴斯塔德教书，市政府花了三年多时间才把马拉巴斯塔德人全部迁走。她是这里的租客。

我们像大人一样聊起以前的人或事：卫理公会学校已成过去，在这样的艰难时光重新来到这里让我有点羞愧；偷偷去哥伦比亚的夜晚；法尼亚；阿布杜尔将商店卖给了另一个印度人，那人一定比他乐观得多。我们还提到了其他很多人，但没提她父亲。雷沃内对她家的马车更引以为豪了，但她仍然任性。有一次，我问她能否像我爱她一样爱我。

"我们是姐弟，艾捷基。我们从小一起长大，太了解彼此，怎能成为恋人？"

"那你在凯尔纳顿时不喜欢我写给你的信吗？"

"那是两码事。"

不久，在艾泽恩泽乐尼时我听说雷沃内和一位印度医生谈恋爱了。据说整个比勒陀利亚都在谈论这事。有人问："印度人难道有什么我们没有的？""钱。"其他人讽刺地回答道。我不得不默默愤慨。我从没想过她会爱上一个印度人。是的，我只是嫉妒罢了。"她骗人，她不可能是非洲人。"有人总结道，"她一定是印度人……我们可不是昨天才生下来的。"对此，雷沃内一点都不在意。

见到她的恋人时，我觉得他就是那种能让人突破种族障碍并坠入爱河的人。他英俊潇洒，像海盗一样目光热切，他的小胡子油黑发亮，眼睛深邃发光，看上去令人兴奋。几个月后他在车祸中身亡，雷沃内则逃过一劫。

一九四三年秋，我紧急回到比勒陀利亚，因为母亲中风了。见到她时，她已被送到医院，医生说她得了糖尿病。那时我才知道，一直以来她都觉得不舒服，但不能不干活，这次她不得不停止干活了。医生给她配了药，让她自己注射。

教育学院来了几个人，唱歌慰问盲人。其中一个女孩子朗诵了华兹华斯的诗，她年纪和我差不多。没多久，她的学校放假了，她回了家，我便去索菲亚城探望她。那是她读师范的最后一年。我和她——丽贝卡很快就订婚了，这令我惊讶于自己的征服力。她父亲已经去世，她和母亲住在索菲亚的一座锡棚屋内。她父亲去世前，给她们留了一块地，还有几个房间可以出租。但建这座四居室的房子时，他们欠了很多债。显然，她们母女对奢华所知甚少。丽贝卡生于弗里德多普，那是约翰内斯堡附近一个又脏又乱的贫民窟。她母亲和我母亲一样，在她读小学时酿啤酒来卖，但后来她母亲放弃了，因为警察在这场战争中总是赢。很少有妇女五十多岁还在销售非法啤酒。

我写信给托马斯，告诉他我和丽贝卡的事。他回信说了玫瑰十字会①的事，又说了一番厚嘴唇与薄嘴唇的大论。

几天后，我收到雷沃内一封很长很长的信。信里她告诉我她很爱我，她一直以来都知道她爱我，但她不能与从小玩到大的同学面对爱情的考验。她的信让我困惑。我记得雷沃内和我一样，很喜欢看电影。但我不能背弃丽贝卡。我真的不想。不，我不能走老路，即使纯粹试试也不行！不过，我知道我无法轻易忘记雷沃内，我也没有试着忘记她。后来我们见面时，她说："我想你已经在里夫找到更优秀的女孩了。非常聪明的女孩子吧？"从某种意义上说，她是对的，因为我找到了更快也更慷慨地回应我的爱的

---

① 十七世纪初在德国创立的一个秘密会社，认为神弥漫于宇宙万物中。

人。但我从来没有怪雷沃内，真的。她后来嫁给了一位教师，日子过得还算幸福。直到今天，她仍然是我挥之不去的记忆，这些记忆就像装饰性的花边，如同衬裙的花边一样，只要不露出来就没事。

在艾泽恩泽乐尼的那几年让我有了定下来的想法。我有足够的时间打扫屋子的里里外外，可以开着窗户过日子，可以放飞自我。我看到盲人们有意识地探索周围的世界，为他们自己创造一点快乐。他们做到了！贫穷的现状总能激发我最强烈的情感。一些盲人，不管男女，都有被遗弃的情况。我学会将自己的贫穷置于非白人苦难的更大画卷上。

和我一起住的艾尔弗雷德是非洲社会工作者，为聋哑协会工作，阿瑟·布拉克斯尔是该协会的主席。艾尔弗雷德患有癫痫，有几个晚上，特别是满月时，我被他的尖叫和床板的咯吱声惊醒，后者是他惊厥时全身摇晃发出的声音。我赶紧爬起来，将一个勺子塞到他嘴里。第二天早上他起不了床，一方面是因为体力虚弱，一方面是因为羞耻感。那时他的脸色真的很难看。他很开朗，又愤世嫉俗。同时他一脸坦诚，直言不讳，但说话的方式有点令人不快。"为什么告诉我？"他会对向他吐露秘密的人这么说，"如果你谈论的那个人也在这里，你还会对我说同样的话吗？""我不懂他为什么讲给我听？我觉得他动机不纯……"艾尔弗雷德与其他人的关系就是这样。我们两个唯一可以交换的秘密就是我们所受的压迫和白人的不可靠。我们一起诉说白人传教士在我们以前学校的所作所为，那是我们相互倾诉时最痛苦的话题之一。

健康问题引起了艾尔弗雷德极大的不安，但他从来没有抱怨过。和他一起住的两年半里，我瞥见了人类的一些苦难，这些苦难我从未经历过。十三年后，也就是一九五七年，艾尔弗雷德在里夫被杀。

一九四五年六月的一个夜晚，我熬夜守护着艾尔弗雷德，他在癫痫发作后睡着了。就在那天白天，我决定离开艾泽恩泽乐尼，开始我的事业，我想要更大的翱翔空间。我产生这一想法是在收到奥兰多中学校长的来信之后。奥兰多中学是当地唯一一所中学，为十万多居民提供服务。他们的校长让我教授阿非利卡语和英语。那天晚上我写信给阿瑟，告诉他我的决定。

丽贝卡和我决定在一九四五年八月二十九日结婚，那是我到奥兰多中学任教后不久。母亲非常高兴，几乎成了世界上最幸福的女人。她寄了很多邀请函，请她的亲戚朋友帮忙准备婚礼。按照非洲的习俗，我们先在新娘家设宴，然后才是新郎家。一个周末我回去看母亲，准备拿一些餐具到奥兰多的家。回家后却发现她躺在床上，她又中风了！她说话不多，只是说："我觉得很累很累，好像走了好几英里的路。"

一周后我才发现，原来那次是我最后一次在床边看她和听她说话。我接到电话说她去世了，死在外婆的怀里，是糖尿病引起的。她才四十五岁啊！回比勒陀利亚的火车上，一个想法一直折磨着我：母亲，为什么你要在这个时候离开？就在我准备把新娘带回家，想让你高兴高兴的时候离开？为什么？为什么？电力火车的车轮缓缓滚过，那声音就像一个白痴在笑，一直传到耳边。国王生日那天，我们将她下葬。

外婆搬去和我弟弟妹妹一起住，他们都在比勒陀利亚工作。

插　曲

马拉巴斯塔德消失了，但它又永远都在，直到地老天荒。也许太晚，但永远不会太早。黑人总是不断迁移，与三百年来他的祖先一样，背着行囊，佝偻着背，永远在流浪，为那些自称更强大的人让路。他跳的舞越来越少，唱的歌越来越少，他背弃过去，面对朦胧的未来，在不断变化的区域中不停迁移。别人一直朝他的耳朵大喊：快走，黑鬼。否则将被围墙困住，他只得继续迁移。那些人把这称为贫民窟清除行动，而不是良心清除行动。一种良心的契约：只要黑人的巨大阴影还映在你的房子上，他们就永远不会放心。租的房子被推倒前，患肺结核的吉他手希基一直咳嗽。如老拉梅兹所说，他的咳嗽就像拨吉他弦的声音一样。他一直咳啊咳，直到咳出了血，最后死了。还有很多希基尚未出生，但很少有人会像他一样，死的时候手指还绕在乐器的断弦上。有人说听见他最后一次弹奏。他永远的情人卡特里娜为他支付房租，为他的死大声痛哭。外婆说希基去了不需要交房租的地方，在那里他们会给他更多吉他，他可以弹给上帝听。母亲去世后，雷沃内也走了，神秘的疾病把她带走了。我现在知道她爱我，比我想象中更需要我，而她婚后的生活——现在这又有什么关系呢？像她父亲一样，她的日子过得很苦。"莱博娜已经走了，孩子。"外婆告诉我。莱博娜已经走了，还记得在第二大街时住我们对面的那个女的吗？她没能留住自己的丈夫和女婿。她的儿子叫乔尔，她去世时他还没"断奶"。她的死才让他断了奶。

外婆说很多年前莱博娜就为自己做了寿衣，等着天使吹响他的小号，叫她购买单程的快速车票离开这里。

"你知道，她胸部溃疡，咳起来能把屋顶掀翻。但那个女人能创造奇迹，真的，就跟你外公躺在班图乐的坟墓里一样是真的。我的外孙，莱博娜不希望别人再为她祈祷，她说这些人跟上帝说，要么带她走，要么让她好起来。莱博娜可不希望她们让上帝做这样的选择，无论上帝选哪个都让她们开心。你知道，她和牧师可不是一类人，连牧师都不敢去看她。

"她跟死神斗了六个月，一天她对乔尔说：'我昨晚见到了死神，他长得很丑，所以我比以往任何时刻都确定我不想死。让这些祷告的女人出去，乔尔。'她又说：'乔尔，等我死了，用盒子里的寿衣盖住我的身体，我最后的愿望就是希望你能不让飞蛾进去。'后来，莱博娜一次又一次地说她不想埋在阿特里奇维尔山上的新墓地里，因为那里到处是草，你外公的班图乐挺好的，那里干净，又到处都是树木。上帝可不是傻瓜，孩子，所以他让莱博娜病好了。莱博娜告诉我们，她从她祖父那里继承了强大的基因，她还去了很远的地方拜访亲友，那里是太阳下山的地方。我不知道怎么回事，但她的新郎来了，把她带回来了，她结婚的礼服还在这里。乔尔把衣服拿给她，但人们说你在哪里见过这样的奇迹？你让我们用她自己做的寿衣埋葬她？所以他回来时，带了结婚的礼服。他母亲被埋在了墓地里，那里没有荆棘树，只有被白蚁啃食的木制十字架墓碑，从很远的地方就能闻到贫穷的味道。"

我母亲走了，她是第六个被埋在这个公墓里的人，莱博娜不屑于被埋在这里。更多的母亲会安息在这里，但非洲的圣人会告诉你疼痛无法比较。这世上还有很多第二大街，那里充斥着污水与苍蝇，孩子们的小便会顺着腿往下流，鸡会啄食孩子们的大便。自孩提时代以来，我就在第二大街跑上跑下，我做梦也没想到会跳出这里的梦魇。有时我都不确定自己是否还活着，或者这是不是"死"的另一种方式……

第二十章

结　婚

如今，非洲的城里人和乡下人都习惯结婚时先举行民间礼仪，再到教堂举行婚礼。土著专员是管理婚姻事宜的政府官员。结婚公告张贴在他办公室时，牧师会连着三个星期天在教堂宣读该公告。大多数人都不赞同新婚夫妇从地方法官处取得特别许可，尽管这一许可能够确保婚礼按期举行并避开大部分教派所需的教堂礼仪。因此，删繁就简的自由牧师就这样应运而生。他们从土著事务部取得婚姻长官的许可后，可以立即为新人举办婚礼。整个过程他们只收两英镑，无论何种教派，收费都是统一的。

我们按照正统的宗教习俗举行婚礼。一九四四年底，第一次婚前"谈判"开始时，丽贝卡的叔父们态度强硬，坚持要六十英镑的聘礼。我母亲的一个"使臣"中途发了脾气，丽贝卡的叔父们也发了火。但那天的"谈判"最终以友好的方式结束，因为有两只鸡为了招待这些"使臣"而丢了性命。直到那时,丽贝卡和她母亲才端着食物出来招待客人,按照习俗此前她们不能露面。我也不能在场,所以必须在其他地方等着,直到谈判彻底结束。

他们告诉我聘礼要六十英镑时,我感觉天旋地转。我要去哪里凑这么一大笔钱?阿瑟帮我在下班后找了份兼职,负责基督教协会会前准备的文书工作,他自己是该会议的兼职组织者。就这样,我用六个月时间勉强凑了六十英镑,骄傲地去提亲了。

丽贝卡对这种金钱交易的厌恶程度与我不相上下,但和大多数相同境况的女人一样无奈。她的一位叔父说:"你来这里,可不是为了娶扔在垃圾堆上的破烂葫芦瓢。"另一位叔父补充道:"她母亲供她上学,现在女儿要出嫁了,做母亲的就犹如丢了一条腿。"说的就好像我母亲会多出两条腿似的。

双方同意新娘的母亲提供部分嫁妆,包括礼服及相关物品,而男方得准备新娘下午要换的长裙。

一九四五年八月二十九日终于到了。舅舅们买了两头牛招待客人,一大群宾客赶来赴宴。我们在院子里搭了帆布帐篷。丽贝卡的母亲让一位租户腾出一间屋子,特意用来接待多拉阿姨、外婆、三位舅舅、我的弟弟妹妹和一些近亲。按照习俗,女主人会安排一位特殊的女眷招待新郎的家人,男方则有挑剔的权利。外婆尤其不喜欢茶,因为沏得不好。沏得好才怪呢!她不喜欢年轻女眷眉来眼去。我们提前告诉她们外婆不吃牛肉,所以她们不得不买了羊肉。

我们在索菲亚城的非洲卫理圣公会教堂举行婚礼。所有人都沉浸在欢乐中，女人们在院子里唱歌跳舞，但我觉得很孤单，有一种挥之不去的沉重感，因为母亲没法出席婚礼。我拒绝跳民族舞，但丽贝卡不得不去答谢宾客，所以她和伴郎伴娘一起去了街上。我并没有努力摆脱低落的情绪。

晚上我们在城里的非欧裔社交中心举行婚宴。当时我很兴奋，一整晚都在跳舞，一直跳到深夜两点，真是一个完全不一样的我！丽贝卡的情绪也一直很高涨。我甚至自命不凡地认为，我用柠檬汽水祝酒时说的话，不仅令人愉快，还很流利呢！

那天的打车费竟然飙到二十二英镑，我本该带钱的，但我没带。后来多亏我的岳母来救场。

九月，我们住在奥兰多东区，就在学校附近。学校向市政当局为已婚教员申请了住房。房子不过是市政租户腾出来的，只有两个房间，地面坑坑洼洼，天花板漆黑。学校在地面凹陷处铺了新的水泥，把天花板刷成了白色。施工期间我们住在铺满沙子的房间里，每月房租十七先令四便士。

大概十个月后，我们搬到奥兰多西区的新家，有了有史以来属于自己的四个大房间，也有了难得的食品储藏柜和带水龙头的洗漱间。住在东区时，我们得去街上的公共水龙头处接水。新房子的月租是两英镑十先令。

从我们现在所住的高处望去，奥兰多东区是一大片红屋顶街区，大约有十万人口。东区于一九三三年建成，离约翰内斯堡十二英里，一条电气化铁路将东区和约翰内斯堡连接起来。按照火车时刻表，在城里工作的大批居民可乘坐十一辆所谓"土著列车"往返于两地之间。

从城区最西边的暗处看到的对面的街灯，是奥兰多唯一的美景。此外，你只能看见路灯和居民区外围的发电站里有些鬼魅之气的贮水池，高耸于万物之上。

在我家楼下，沿着铁轨和从矿场流出的一条小河往前走，就到了贫民窟。那里已有三年的历史，环境脏乱不堪。煤渣砖房取代了最初的罐头屋，八千多居民从奥兰多东区狭小拥挤的违章建筑里搬到这里安家，抗议市政厅不为黑人建造更多的住所。后来市政厅就建了煤渣砖房，每间都是独立结构，各住一户人家。房顶是石棉水泥板，上面压了石头防止被吹走。居民不得不把原先粗糙的地面改造成地板。

这里的肮脏和贫困深深触动了我，我好像又回到了第二大街。我无时无刻不在挣扎，却无法摆脱始终纠缠着我的精神冲突。一九四七年，我决定不再上教堂。白人的报纸、白人的广播、白人的议会、白人老板及白人的教堂都在重复一些陈词滥调和谎言，什么"天主教托管权""土著人从野蛮主义中摆脱出来""使土著人皈依基督教"及"白人监护地位"等。非宗教机构在教会外艰难地开设小讲坛，引用《圣经》，进行布道。白人将自己视为非白人永远的传教士，教会偶尔会进行微弱的抗议。非白人多年来被教导去关爱他的白人邻居，非欧裔牧师和教徒则沉浸在永生的幻想中。白人牧师通过收音机进行说教，告诉这些心满意足的教徒耶稣受难及个人救赎的故事，白人教徒认为有义务形成群体观念，维持虚无的白人至上论。同样地，白人牧师信奉一种道德准则，但目前还不敢将其用于反对邪恶势力的斗争中，这些邪恶势力在民众中教唆一种维护基督教正义感的野蛮态度。

友谊？爱？服从法律？从我的社会地位来看，我突然不明白这意味着什么。我抗议这些说教。我怎能对统治阶级及其选民持消极反抗的态度？一年后他们将向议会投票，选举目无法纪的雷克人[①]后代上台，保护白人至高无上的地位。这些人的安全却靠喜欢持枪的警察来保证。一九四五年，非洲人为了争取更好的生活条件在马拉巴斯塔德附近的市委大院发起抗议时，史沫资政府派遣武装军队前往镇压。我怎能欺骗自己说统一党是更好的选择？统一党政府的斯特罗克已经开始派人重修约翰内斯堡车站，让白人和非白人从不同的入口进入不同的站台，我如何还能欺骗自己？其他人怎能如此坦然地叫我按照宪法办事，去遵从那些我们自己人并未参与编写的邪恶法律？

---

① 十九世纪时离开英国人统治的开普地区，前往东开普和南非内地的阿非利卡人。

我的内心正经历天翻地覆的变化。对曾经习以为常的事物，我的内心感到抗拒。我似乎无法逃离第二大街，我的仇恨似乎正在重建那里的每一栋建筑。同时，我质疑宗教存在的必要性。我无法解脱，只能在信与不信之间无限期地徘徊。

二十世纪四十年代初，我用英文写诗，都怪当时艾泽恩泽乐尼的田园诗太让我情难自禁，但现在我觉得它们不堪卒读。我也写过一些短篇小说，但没有学过小说的写作形式，只是兴之所至，随便涂写几篇罢了。一九四五年，在奥兰多中学就职后不久，我给开普敦的非洲文人出版社寄了十篇短篇小说。这家出版社曾冒着风险，出版了黑人撰写的社会政治专著和宣传册。他们回信说想出版其中五篇，还说他们只是碰碰运气，因为之前从未出版过任何小说。一九四七年，我收到了样书，是一本排版整齐的小册子，书页下方附有钢笔画插图，书名是《人必须活着》。

第一次在印刷物上看见自己的照片，这令我欣喜若狂。该书第一版印了七百册，几乎都卖完了。第一次试手不太成功，但我并不怎么在意，我为这本小册子感到骄傲。

白人媒体对该书的某些内容很不以为然，对其他内容则态度不明。一位《约翰内斯堡星报》的评论家说："这些故事不太符合西欧传统，却更趋向于斯拉夫民族的传统。姆赫雷雷先生的写作风格与俄罗斯人相似……笔触冷静。作者在创作时，远离了笔下纷扰的世界，但故事本身充满了真情实感……"

开普敦的《开普亚古斯报》喋喋不休地对我的小说品头论足，以新闻播报的形式"批评"其中的人物、事件和地点，开篇含糊其辞，比如："……没有白人作家会从同一角度描绘非洲人的生活。"《开普敦时报》说："……之所以引起大家的兴趣，主要是因为作者本人是非洲人。所以，其风格或结构上的不成熟，能引发人们的关注也不足为奇。"接下来的话仿佛是为了安抚我："在所有的文学形式中，短篇小说是最难完全驾驭的。"

《约翰内斯堡文学杂志》的特里克评价说："作者没有像时下流行的那样，去责怪命运，埋怨上帝或仇恨社会制度，因为他深知是人类自身的怨恨和懦弱造成了诸多悲剧。因此他的作品中没有经济或政治理论，而是人与人之间施与受、伤害与牺牲的真实故事；数百年来其表象变化明显，但生命的脆弱和神圣却亘古不变。"与之相反的，是开普敦左派人士在周报《卫报》上的评论："不幸的是，对这些故事的作者来说，父辈的信仰已被传教士驱逐殆尽。他忘记了自己是一个非洲人。如果你把故事中人的名字换一下，你会发现他们可以是任何种族或任何地区的其他人。他们信仰理想的爱、绝对的公正和耐心……他们就像维多利亚时期小说中的主人公，不得不在自身固有的身心懦弱和他人的自私麻木间挣扎。但他们从未对《通行证法》、皮卡车或白人的傲慢抱怨过……他们不是真正意义上的人……（这位作者）应该回归到自己的人民中去寻找灵感。"

这一评价让我无地自容，不是因为我的缺点被无情指出——我自己的缺点我再清楚不过了，而是因为这位评论家沉迷于那些半真半假的事实。作为一个白人，他不需要携带通行证，也没有遭受过各种侮辱，而这些都是非洲人正在经受的苦难。

与此同时，我很享受我的教书生活。我喜欢校外活动、拳击和话剧表演，并把它们介绍给学生。我自编自演了许多独幕剧，并将莎士比亚戏剧、民间故事和查尔斯·狄更斯作品片段改编成舞台剧。约翰内斯堡一位教戏剧艺术和音乐的欧洲女教师给了我诸多鼓励，她是我乐于结交的第三个欧洲朋友。我的欧洲朋友为数不多。她对我总是充满信心，而我自己却经常难以维持信心。

我们甚至冒险去班图社交中心，在那里和不同种族的人进行交流。但因为有些人自以为承担着领导他人"按照自己的路线"生活的重任——但这一措辞本身就含糊不清、愤世嫉俗——他们不断施压，导致去那里的白人越来越少。这些人没有禁止其他种族进入，认为这些举动向白人赞助者发起了冷战的信号，因而沾沾自喜。他们的这一做法奏效了。我们撤回到自己的领地，"按照自己的路线去发展"。我们看不清前方的道路和脚印。随着时间的流逝，它们与其他脚印混在一起，有些还被风吹散了。

在中学执教四年后，我作为校外学生获得了南非大学英语、心理学和土著管理专业的学士学位。我也学习了阿非利卡语的学位课程，因此能在预科班教授阿非利卡语和英语。

我们的长子安东尼出生了。我的月薪从过去的十三英镑慢慢涨到如今的四十二英镑，丽贝卡和我都觉得比刚结婚那几年宽裕多了。

丽贝卡也是老师，每月挣八英镑。她经常生病，经历了两次流产后更是如此。但在艰苦学习的那几年，她是上天赐予我的灵感。为了缩减近乎让人窒息的学习支出，我们每年都去二手书店淘我的教科书。

臭名昭著的《班图教育委员会报告》发布时，我的内心一如既往地充满反抗。该报告称《班图教育法》即将制定。尚未充分意识到作为一个黑人的人生观正在发生改变前，我已经加入教师的反抗运动了。一九五○年冬天，我被选为德兰士瓦省教师协会的秘书。

在《班图教育委员会报告》出现之前，我已经在德兰士瓦非洲教师年会上宣读了一篇论文（在南非，老师并不单单被称为老师，还被称为非洲老师、欧洲老师、印度老师或是有色人种老师）。在该文中，我批判了现有的所谓《土著小学教学大纲法案》。我之所以批判这一法案，是为了以下人士：被奴役的种族；不被期待改变却被环境改变的学生，他们只能调整自己以适应这一体制；注定要从一个地方漂泊到另一个地方的人，他们没有必要成为稳定的农民阶级或都市社区的一分子。我指出由教育部指定的非洲学校的教科书有不当之处：历史书在一定程度上扭曲了事实，旨在美化白人殖民活动、边境战争、非洲部落战败和白人统治。阿非利卡语语法书上有大量类似的例子，如"黑鬼偷了一把小刀""那是个懒惰的黑鬼"。阿非利卡文学书中到处是无礼的词语，如用"aia"来形容非白人妇女，用"outa"来形容非白人男性。书中的非白人角色尽是野蛮人或被人厌恶、嘲笑的傻瓜，他们对城市生活必定绝望沮丧，不得不下决心回家，回到自己的保留地。

教授阿非利卡语不仅是我的职责所在，也是我痛苦的根源，因为我觉得我和我的学生都被困在强加的语言环境下，这是实施压迫的手段，也是我们内心屈辱的根源。我不得不教授阿非利卡语诗歌，这些诗歌抒情地描写夸张的自然现象，要不然就是鼓吹大迁徙、德兰士瓦独立战争和英布战争，煽动宣战言论。因为缺少新的意境和推动力，诗歌的精华已经被阿非利卡语文学评论家压榨殆尽，或正在被压榨殆尽。

这使我在与教学大纲法案的对抗中变得更加愤怒。委员会主席艾泽伦教授认为这一法案已经过时，因为它使黑欧洲人失望，隔绝了他们与"班图文化"的联系，从而使"受过教育的土著人"和他的人民产生隔阂。作为路德教派传教士的儿子，艾泽伦教授多年来担任督学，后来又成了非洲学校的首席督学，负责这一法案的工作。他为非洲人教育提出了一个全新的出发点，并凭借这项功绩当上了南非国民党政府土著事务部的秘书长。

即使这一时期，德兰士瓦教师协会的会长泽弗、教师杂志的编辑伊萨克·马特莱尔和作为秘书的我，仍在放假时前往各区反对艾泽伦在报告中提出的建议。

泽弗、伊萨克和我在同一所中学教书。读中学时泽弗穿着矿靴在圣彼得中学的舞台上来回踱步，如今的他性格仍然暴躁，但已经克制多了。奥兰多中学下一任校长是荷兰归正会的成员，他警告我们不要和政府对着干，并在学校集会上公开发起维护艾泽伦体制的运动，并宣称他支持艾泽伦效力的政党。他表示非洲人首次被提拔到副督学的职位，将会是一次全新的经历。他对我们说："先生们，你们有孩子需要抚养。如果你们再谈政治，将被解雇。"

辞退的通知真的来了，我们无缘无故就被解雇了。国内没有别的地方可以让我们继续教书。现在回想起来，满脑子都是富有远见的同事给我们的忠告。他们不久前有过一次大幅度的加薪，这次加薪实在很可观，所以他们不敢向我们公开表示同情。非洲政治领导人刚意识到教育领域发生的变化，他们对此不冷不热，觉得充其量不过是学术上的问题。根据非洲教师的就业状况，被解雇的教师不能在法庭上对此提出异议，而且教育部对解雇一事必然不会给出任何解释。

一些学生自发决定用逃学的方式抗议对我们的解雇。我们最终因煽动抵制活动并导致公开暴力的罪名被捕。我们三个在四号监狱蹲了四天，之后被保释出狱。在审判中，一些学生提交证据说他们被带到当地警局，被迫在控告我们的口供上签字。警察威胁他们如果拒签就把他们关到少管所。我们被判无罪。学校委员会主席威妮弗雷德·赫恩勒夫人是欧洲人，为非洲人做了许多志愿工作。她在白人报纸上恶毒地攻击我们，称我们是"造反教师"。我们试图通过白人的报纸为自己辩驳，但失败了。我们也设法跟她见面，面对面讨论整个事情的经过，但她拒绝了。

我在贝专纳兰保护国申请了教师职位，那里属于英国高级专员公署领土。他们回复说，经过和省教育厅的沟通，因我之前"参与颠覆性活动而被解雇"，所以不能到博茨瓦纳学院工作。这是我第一次得知被解雇的"原因"。痛苦像癌症似的扩散到全身。马特莱尔先生是我的一位同事，他去了斯威士兰保护国教书。但几个月后，国家刑事调查部保安局去了他们学校，第二天他就收到了学校要他离开的通知。

我有几次想学习法律，许多朋友建议我不要这么做。我告诉自己我不会成为成功的律师。我太容易感情用事，不适合这种需要冷静头脑的专业。另外，我对法律文件的研究或分析一窍不通。但我知道，即使我真的有上述天分，我也不会放弃教书。

第二年，我找遍整个城市，终于找到一份工作，给一家工厂当发票管理员，周薪四英镑。上班一周后，我被解雇了，因为我说自己有大学录取通知书（其实我已经获得了学士学位）。业主说："不行，我不能雇一个准大学生。"这给我上了一堂课，找工作时不能炫耀学识，老老实实表现就好，即使我不能马上找到另一份工作，至少不会得罪人。但像这样四处奔波，心中又充满怨恨，谁知道接下来会发生什么？白人对我傲慢不逊，颐指气使。

我带的通行证不符合要求，所幸成功逃脱了抓捕。我用随身携带的旧文件，将自己伪装成一名教师。

作为教师，我必须携带一份文件，这样我就可以不遵守《通行证法》，但还是无法逃脱宵禁。宵禁只针对非洲人，时间为晚上十一点至第二天的凌晨四点半。但是只有持有者为在职教师时，这一文件才有效。携带着这份旧文件，意味着现在的我不需要携带雇主每月签发的通行证了，它在持有人不再为注册的雇主工作时就失效了。然而，即使有这份文件也没能为我免去警方的拦截和盘问。以前教书时，我有好几次被拦住，并被要求出示通行证，有时因为拿不出符合宵禁规定的特殊通行证而被关进牢房。

我意识到自己无法再伪装下去，因为我极有可能暴露身份，那时等待我的可能是更残酷的惩罚或被投进贝瑟尔监狱农场。我决定排队去领通行证。这时我终于跟半特权阶级说再见了。首先，被一个脸蛋通红、脖子粗得像犀牛的男人严格管制后，我在通行证办事处拍了照。这样的经历像刀片一样刮着我的心，怒火似乎从胃里翻腾而上。我以前觉得如果我对那些换了一份又一份工作，只会盖橡皮图章或翻书页的文盲多些同情心，也许我就不会觉得排队拿通行证有这么屈辱了。我意识到我欺骗了自己。

下一步是排长队，将纸条放在第一位长官的桌上。纸条是奥兰多监督员给的，证明我是他管辖范围内的一名注册租户。接着办事员给了我身份证，也就是通行证，并把照片贴上去。他坚持要我在通行证上提供自己的索托语名字，我说我没有索托语名字，他马上面露愠色。

接着我转到下一个办事员那里。他做了两张卡片，其中一张填上我的信息，然后在另一张上原样抄写。我的照片被附在一张卡上并归档，接着进入下一个流程。负责进城管制的高个子男人持有一块大橡皮图章，他决定了我是否需要在二十四小时内整理铺盖离开这座城市。正是通过他，可以减少辖区内所谓"多余土著人"，或在找工作上实施严格的规定，又或是对每个雇主及其工人进行登记，这样在各个地方随时可以监控黑人的行动。在通行证的其中一页盖上橡皮图章，就意味着允许我在约翰内斯堡找工作。等我找到了工作，我的老板必须每月在这身份证上签名，如有可能，他会在炒我鱿鱼或我决定炒他鱿鱼时写上"解雇"。如果出现上述情况，我需要另一个章允许我在约翰内斯堡找工作时待在这里。如果之后我没法找到"合适的"工作，而这个大个子又不愿继续更新我的工作许可证时，他就会盖章把我送回我的出生地比勒陀利亚，在那里让我把所有的程序再走一遍。

丽贝卡怀了第三个孩子，但我们的积蓄已寥寥无几。一九五二年，我们都被解雇了，那年我们没过圣诞节。之后我找到了一份工作，当一位律师的副通信员。我的上级是位出色的通信员，她偶尔也写写书。因为我会打字，所以我经常帮这个白人女孩打字。有一天，我被告知不能再在接待室打字，因为白人客户进入接待室第一眼看到的如果是个黑人，他们会感到尴尬。老板说："带上打字机，去你泡茶的等候室吧。"

我每天都得去邮局，比我买东西讨价还价还频繁。柜台的白人青年特别喜欢朝我们"只限非欧洲人"的队伍大叫，让我们排成直线，不然就不为我们办事。

我给他邮票钱时，他用阿非利卡语对我说："你有雀斑。"

我用他的语言回答说："所以呢？长在你们白人脸上更难看。"我只是厌倦了在高楼里跑上跑下，所以我让自己处于放空状态，冷漠地回答他。

他说："天哪，你的阿非利卡语说得这么好！你在哪里学的？"

"在学校学的。"

"我打赌，我写的英语比你写的阿非利卡语好。"

"想试试吗？"

"好。你用阿非利卡语写一篇文章，我用英语写一篇，然后我们换着看。"

我同意了，但我没写。第二天他给了我他写的文章，我却没给他任何文章。

这几个月我去城里办事，电梯员这类白人我见多了。他们似乎是一类人，大多数有肢体残疾。一个心怀不满的群体，永远进行着无声的战争。这里是另一个破败的圣彼得中学，随处有黑人该走哪边的指示。

通常这些指示会让我乘坐货梯，货梯会吃力地把我送上十七层或二十一层。有时我会乘坐"土著人"电梯，从一楼或是阴冷的地下室往上升。国王大楼里大约有四台电梯专供欧洲人使用（那里有城市大剧院，但我从未进去过）。辩护律师的会议室在楼上。如果一个黑人很显眼地拿着文件、材料或一叠信件，电梯员会允许他和白人共乘一部电梯。在这种情况下，电梯员一定认为这位黑人是前往会议室的。如果我拜访大楼里的一位熟人，电梯员就会凶巴巴地看我一眼，双唇紧闭，然后挤出一句话："福克斯街！"那是货梯所在的位置，是所有的通信员不得已而乘坐的电梯，也是大楼里所有保洁员和保安唯一能乘的电梯。我好几次因为很享受这些老绅士双唇紧闭的严肃模样，故意站在不会马上移动的电梯前，就像我在等电梯。我突然想到他仿佛是一个管理员，总扬言要建立新规矩，但因为过得太惬意而意识不到自身任务的重要性。就像他的电梯一样，他似乎完全依赖于本能的反应机制。他能感受到的只是自己正尽力摆脱残疾的束缚，依靠警觉心成为一个南非白人，将运送人们上下楼这项濒临消失的艺术保存下来。说它濒临消失是因为城里的有些电梯是无人看管的，进入电梯，发现没有电梯员且身处一群白人中时，我总是很担心。他们有些人看我的样子，就好像我是白天偶尔出现的猫头鹰。但他们也只是看看我罢了。

有一次，我错过了一班"土著人"电梯，天真地要求欧裔电梯员允许我进入。他转过美国电影中印第安酋长似的脸，看着我，颇有见地地说："那边有楼梯。"我看了下，我身后的确是擦得锃亮的楼梯。

我的老板是个典型的南非律师，将自己很好地隐藏在赚钱的生意下。看着他那古铜色的面容、诡诈的眼睛、稀疏的胡须，我经常猜测他是否已成家，是否会爱抚自己的孩子和妻子，因为这看起来不太可能。他有用不完的精力，对每个人都大呼小叫，不论白人还是黑人。为他工作的这几个月里，我再次确信自己不会学习法律，我不知道是什么让人变成了像他这样的怪物。

我的上司有一天对我说："我告诉迈克尔先生你有学士学位时，他不相信。"

"什么？"

"呃……"

"你不该告诉他。"

"有什么关系，毕竟你的确有学士学位，而且普雷斯顿小姐对此也很兴奋。"

我不喜欢这整件事。我知道事情迟早会败露。初级打字员普雷斯顿小姐是真的对我的学历感兴趣，但只有在更严苛的高级打字员奇姆小姐不注意时才会表现出来。

城里的白人女打字员是这些天我观察的另一个目标。作为通信员，在每个办公室我都会看到她们。她们似乎无所事事，只知道歪着身子，扭动干瘪的屁股，像陶瓷似的坐在座位上涂指甲，拿起镜子捋顺不听话的头发，将粉底扑在没有血色的脸上，没完没了地打电话。她们的笑声令人厌恶，让我有一种冲动想掰开她们的下巴，让她们发出洪亮的笑声。

一个胸部干瘪的女打字员会说："约翰，等一下。老板还在办公室里忙着。"在等待的间隙，我猜测着这些白人每天的生活。当我们挤在闷热的车厢里时，不耐烦地排队等汽车时，在公共汽车里大喊大笑时，他们从专门的站台进入干净的汽车和独立的车厢，前往郊区，那里安静整洁，但也可能死气沉沉或有些神经质。在生命的尽头，尽管经历了被隔离的命运，困于拥挤、暴力和黑暗的环境中，我们仍然充满生机，信心十足，不自怨自艾。我在想有哪些体力劳动是这些白人亲自做过的？可能一样也没有。他们有随叫随到、可供召唤的非洲用人。他们有着红彤彤的粉嫩指甲，薄薄的嘴唇看起来像我们在马拉巴斯塔德桌上摆放的纸花。

打字员们喜欢打发"办公室勤杂员"去商店买炸鱼薯片、鲜花和三明治，或让他们将衣服送去干洗。其中一位打字员特别喜欢干洗，她还有一个习惯就是跟我玩"苏丹女儿"的游戏。我拒绝扮演那个愚蠢的黑人宦官，一段时间后我不再为她办私差。差不多是同一个星期，另一个办公室的女孩对我说："小子，今天下午你必须再来。"

"是什么让你觉得我是个男的而不是女的?"我挑衅地说。

她说:"你不能对我这么粗鲁!"

"我好像到了一个学礼貌的好地方啊。"

"我要报警了,你现在就给我走。"

我给她报了特警队的号码,无论男女,每个白人都应该将这个号码铭记于心,遇到入室盗窃或其他紧急情况时可拨打。

她没有报警,我也就走了,心里有点得意。我早该知道会这样。在艾泽恩泽乐尼盲人协会工作时,我曾遭受两次更加无礼的侮辱,但我顶了回去。那些愤愤不平的人还打电话向阿瑟投诉,他不过是打电话给我,查明事实真相。我以为这事就这样过去了,但对我的律师和那个气愤的打字员来说并未结束。在工作仅三个月后,我又被解雇了,没拿到二十一英镑的可观月薪。

我的欧洲朋友经常在我们饿肚子前施以援手。但我太要强,不会开口多要。我以前的同事泽弗有着几乎同样的经历。没有慷慨的慈善机构会雇用我们,他们说:"我们接受政府的补贴金,所以不敢冒着失去它的风险接纳你们。"

还在教书时,我向失业保险基金缴纳强制保险,因此每两个星期我可以拿回五几尼,我一共拿回了六十英镑。办公室位于市政关口和流入管制楼,我按照规定每周上报。我在好几个黑人队伍中选了一个排队,队伍里的每个人都拿着一叠文件,虽然他们对上面的内容知之甚少或一无所知，但这些文件决定了他们的生活，告诉他们去往何处。这些人奔波于不同的办公室，拿着文件让白人办事员盖章。

这些文件告诉其持有者可以在哪里居住工作，哪里不可以，同时告诉其他人如果这些人不愿在白人农场干活，就必须回到保留地。这些规定对联邦各省的人同样适用，官方称这些人为"外来土著人"。在等待的过程中，白人雇主宣布他们提供的工作岗位："厨房打杂工，每月四英镑""卡车司机，每周三英镑""建筑工人（非专业砌砖工），每周三英镑""园丁每天六先令，一周工作两天"。雇主们叫着喊着，工人们围在他们旁边，嫌弃这份工，又揽下那个活，假装有很多的选择余地。他们就像集市上的牲口，被非洲警察大声呵斥，让他们走这边或去那边。像其他大多数喜欢炫耀权势的非洲政府官员一样，警察对雇主也指手画脚。在那里，拿着文件的中青年大多会在通行证办事处等好几天，想方设法解决文件问题。他们在大楼光秃冰冷、乌黑阴暗的墙角来回踱步。一个非洲人向我走来，说可以卖给我一张通行证，我需要先交十英镑押金，到手后再付五英镑。腐败的杂草在阴暗的权力森林里疯长。一些通行证办事处的欧洲职员、非洲职员和通信员在法庭受审，因为卷入以二十英镑高价售卖通行证的腐败案件中。尽管我急需一张通行证，但十五英镑一张我也买不起。

办事处外面，非洲妇女穿着印度和叙利亚产的廉价夹克，她们身材肥胖，浑身油污，向这些办事处的"朝圣者"出售小饰品和食品。

　　我在一家犹太女帽店找了一份打字的兼职，一个月赚十英镑，光顾这里的都是郊区的非洲用人。一直以来，丽贝卡都是出色的家庭主妇，很会烧菜，让我们全家顺利渡过难关。此外，她是彻彻底底的乐观主义者，会按照既定的长期计划劲头十足地干下去，而不担心会有意外发生。

第二十一章

会　费

一天晚上，负责奥兰多圣公会圣十字教堂的沃德尔神父来到我家。

"我来是因为你们的会费。"沃德尔神父在寒暄后这样说，"你们夫妻还需要交两英镑七先令。我知道这段时间你们的日子过得很艰难，但我还是觉得应该提醒你们一下。另外，就是你不上教堂的事。你觉得你的信仰与政治观点很难调和吗？"

"非常难。"我回答道。

"你试过为此祈祷吗？"

"是的，但我已经放弃了——我是说正式的那种。我只是想啊想啊想。"

"现在大家都不容易。"

"白人不是这样的。"这时他低下头，摆弄起皮带边的十字架，脸上悲怆的表情让我有点烦。

沃德尔神父选了个最糟的时间来访。就在这一周，我以前的一个学生要起诉当地警局的非洲警察，他问我对这一案件有什么建议。那些警察在黑人聚居区碰到了他，要他出示通行证。他拿出通行证后，他们说这不是真的通行证，就把他逮捕了。在警局，他被摁在一张长凳上，一个白人警员还脱了他的裤子，用皮带打他的屁股，最后才放了他。他给我看了身上的伤，我带他做了医检，起诉警局的不当行为，我的学生还指认了打他的那个警察。

每次有这样的案子，警察都说不能到庭。我还因此写信给地区警察指挥官，但最后不得不放弃。

学生的案子让我想起一件事。六个月前，丽贝卡也被一位白人火车检票员羞辱过。他们为了车票吵了起来，白人检票员对她进行言语侮辱，没到目的地就把她拽出了火车，还扭伤了她的脚踝。丽贝卡起诉了他，但他从未出庭，每次都说病了。之后，她花十五英镑请了律师，告他民事侵害。一年后，这个仍在铁路上工作的白人检票员不得不到庭，因为这是一桩民事案件。他被判有罪，并被责令支付丽贝卡十英镑的赔偿！但那已是沃德尔神父来访后很久的事了。学生来找我时，丽贝卡刚再次推迟案子的审理时间。是的，沃德尔神父选了最糟糕的时间。

"就在刚才，我认为这是不公平的。你们希望我改变心意，而我周围的一群疯子却下定决心不做一点退让，也听不进一点道理。

另外，让我参加教会学校有关基督徒行为和消极反抗的布道也是不公平的，因为在这个社会，讲规矩被认为是一种罪。如果我不愿意，警察会用枪指着我，把我赶出我的房子。多年来，白人牧师和黑人牧师都告诉我要爱我的邻居。一些白人自认为是上帝的选民，听从上帝的命令走出埃及，来到这里教化异教徒，所以我们要爱他。一些白人凭着上帝的种族特征，冒险进入不敬畏上帝的沙漠地带。多年来我一直觉得做完礼拜后，我的精神变得更强大了。但现在我才发现，它无法回应我周围人的需求，这些人正遭受着苦难。它也无法回应我内心的渴望。"

沃德尔神父坐在那里，脸上悲怆的表情又惹恼了我，我不知道是因为他无法理解正撕裂我内心的诸多力量，还是因为同情我。

"你内心渴望什么？"

"你们白人让我们觉得自己不够重要，可我们每个人都会渴望得到自己迫切渴望的东西。"

"你说得好像我代表了白人的压迫制度。"他说。

"我们中最讲规矩的人，也不确定他们是否喜欢这一制度，这就是个悲剧。"这么说让我感到一种恶魔般的自豪，因为很多时候我都希望自己能恨所有的白人。这样事情就简单多了，我也不用那么痛苦了。

"你千万别对传教士做出错误的判断，毕竟你自己受的也是教会学校的教育，你的孩子也上圣公会幼儿园。传教士来到这里前，甚至没有政府想过为你们建学校，幼儿园就更少了。"

"关于这一说法的争议已经存在很久了。你必须承认，特雷弗·赫德尔斯顿神父来到这里是一九四三年，那时传教士不干涉政治，而邪恶势力的产生约有三百年了。这段时期内传教士教唆、纵容白人无视司法和其他种族的价值观，或对这一情况敬而远之。即便如此，特雷弗·赫德尔斯顿也是一个孤独的战士，南非其他教会和他说不同的语言。"

"在这场可怕的战争中，我能帮你吗？"

"没人能帮我，我打算靠自己解决。有比这更紧急的事情！比如，你在贫民窟听到的嗡嗡声、呻吟声和尖叫声。解决我个人的冲突永远不可能减轻贫民窟的不幸。"

我感到一阵空虚，觉得这样说过于直截了当，我怕我情绪化的宣泄可能无法表明自己的观点，也许我真的没有明确的观点。我告诉自己需要时间思考，但我真的无法思考。我过激的情感反应机制是我的敌人，一直以来都是如此。我知道我对教会的看法明显改变了。

几个星期后，沃德尔神父拒绝为我们的第三个孩子施洗礼。丽贝卡坚持要让孩子接受洗礼，我倒不在乎，但我决定尊重她的想法。我知道她不过是按照习俗想这么做，而不是出于坚定的宗教信念，因为我们的幻想都已经破灭了。从我的角度，我觉得自己没法说服她。沃德尔神父拒绝为孩子施洗礼的理由是，如果我已经不再信奉教会，还欠会费，就没有权利要求圣礼。那时我也没说什么。尽管如此，一位尽责的教会顾问还是敦促他改变了想法，所以我不得不在那天下午去了教堂。但我的注意力根本没在那里，洗礼仪式在我眼前飘浮。

洗礼结束后，我意识到我更加痛恨形式主义了，对包含神秘主义元素的形式主义更是如此。我非常憎恶对某些群体形式上的效忠，而不是对艺术和争取自由斗争的效忠。它应该是能让我体验到内心的感受、情感和心理反应的什么东西。我已经超越了对教会崇拜的审美阶段。

我有自己的忠诚。我负责一个艺术家联合会，该组织旨在振兴古典音乐会。在这一联合会中，我负责撰写剧本并扮演角色，其他大部分人是中学时就跟我一起干的，有教师、文员、护士、通信员和工人，但因为常年的不安全问题，我们住在奥兰多以外的成员不断流失。另外，还有交通问题。因为害怕被袭和被杀害，晚上我们不敢在奥兰多的街上行走。所以，我们不得不在星期天下午排练。观众喜爱的剧目有莎士比亚的剧本，还有我改编的狄更斯作品和民间故事。其中，最受他们欢迎的是我从《文达故事集》中选的故事，与济慈的《伊莎贝拉》情节非常相似，文达位于北德兰士瓦。我即兴准备了一场哑剧，讲的是一位少女在陶罐中种了一棵树，然后用自己的眼泪浇灌这棵树，背景是非洲民间音乐。我们的舞台布景经常是树枝。

一个星期天的下午，我们带了节目去约翰内斯堡十五英里外的杰米斯顿表演。一个文化团体邀请我们去那里的聚居区演出，那是南非最贫困的地区之一。我们表演了莎士比亚的《朱利叶斯·恺撒》，哈比·姆戈玛唱的是《弥赛亚》的宣叙调和咏叹调，他的妻子格雷斯是女低音，唱的是《弥赛亚》和《我的任务》中的宣叙调和咏叹调。有色人种钢琴家米尔顿·厄尔森演奏了一首奏鸣曲和斯卡拉蒂的两个小曲子。

聚居区的小礼堂外，我们在等赞助商大驾光临。这时一位欧裔赞助商过来了，很明显他的动机就是要出名。他是矿区的经理。我不知道是我们走错了地方，还是他走错了地方。虽然矿区经理负责管理煤矿工人和文职人员，但一想起经理之类的，我们可能就会想到为了接待美国游客，他们在矿区组织的部落舞蹈：男性穿着灰色的棕榈滩服装，看上去沾沾自喜，令人恼怒。他们的口袋、衣服接缝、脸颊和毛茸茸的胳膊上都是满满的"外援"。除了他们，旁边抽烟的妇女伸着搽了脂粉的"爪子"，看上去很兴奋的样子，但其实根本就没有什么特别的事。矿区经理在这样那样的音乐会上能干什么？他开始讲"法拉加诺语"，这是一种很蠢的语言，起源于矿区，夹杂了班图语、英语和阿非利卡语。在矿区，白人上司和普通工人特别不喜欢他们的指令被手下误解。

"我一直在看这节目。"他说，朝哈比挥舞着节目单。

"你觉得怎样？"哈比说，很明显他努力改变自己以配合这位杰出的赞助人的水平。我觉得哈比很谨慎，没有让自己的一口好英语挫败经理的这一尝试。

"亨德尔很好。"

"你不喜欢斯卡拉蒂吗?"

"哦，是的，我爱斯卡拉蒂。谁来唱?"

哈比指着厄尔森，厄尔森如果看上去像歌手，小提琴家耶胡迪·梅纽因就能像开普的黑人了! 这位钢琴家看看哈比，又看看经理，面无表情。

"我非常非常高兴。"接着经理说他的一些手下只对哈利·詹姆斯和特克斯·里特宠爱有加，他的这些手下吵着要拍摄更多的电影，展示长号手和冲牛挥拳的吉他手的生活。

演出非常成功。结束后，我们令人尊敬的赞助人走到后台。

"演出太精彩了。"他用英语说，还挥挥手证实自己的话。

"好吧，我们已经努力了。非常感谢，斯卡拉蒂很好。"这时突然一阵笑声传来，经理的耳朵都红了。他很快离开后台，回到他的手下中间。

联合会的基金很少，我们举办了很多场慈善音乐会，比如我们举行音乐会资助非洲学校喂养计划，赫德尔斯顿神父是该计划的主席。政府不再为非洲人提供学校就餐，只为欧裔儿童提供该服务。另外，我们也举办了更多营利性的音乐会，但白人赞助商不敢来，因为我们的观众来自多个种族，而这是国民党政府愤怒的焦点。我们永远不会忘记我们的初心，就是把严肃的音乐和艺术带给我们的人民，因为他们不能去白人剧院或音乐厅观看表演。我们主办了两位非洲画家的画展，还邀请英国歌手伊莎贝尔·贝利和非洲男高音维克托·麦库姆为我们的多种族观众表演。

一九五三年下半年，我为阿瑟担任速记打字员。他已从盲人福利会卸职，转而担任南非基督教理事会的秘书。我的月工资是二十英镑，他又自掏腰包给我八英镑。

同年十二月我又开始对现状感到不满。我比以往任何时刻更渴望回到教室教书。这种渴望让我窒息，我觉得在精神上我已经投降了，一种痛苦的不满足感令我惊惧。在我看来，丢掉一份高薪的工作也没什么。尽管感觉有些沉重，但我的职业操守受到了质疑，我找不到任何理由为自己辩护。我随随便便就申请了巴苏陀兰保护国一个中学的工作。一月接到该校通知，担任他们学校的英语老师和地理老师。我人生中第二次丢下阿瑟给我的工作，去学校教学了。就在一月，我和朋友泽弗丢下家人来到马塞卢，他比我早六个月去的那里。我们"颠覆活动"的报告早已到达保护国管理当局手中，但不了了之。

我开始攻读英语学士荣誉学位①，这占据了我大部分的校外时

---

① 南非的综合性大学学士学制一般为三年，之后若想继续从事专业研究工作或取得硕士文凭需要再修一个为期一年的荣誉学士学位，方可申请硕士研究生学位，硕士学制一般为一年。

间，因此前六个月一点也不无聊。我攻读这一学位，纯粹出于对英语学习的热爱。我特别喜欢实用批评、诗学、莎士比亚和维多利亚文学的论文。杰拉德·曼利·霍普金斯在孤独的时刻陪伴着我，在我爬附近的一座山时也陪伴着我。从这座山可以看出莫谢希①领导的国家是多么壮观，多么伟大。

但在巴苏陀兰没有什么经济收益，教师工资很低，而且加薪很慢，这也是大多数进步教师待在联邦各省的原因。在这里我的薪水是二十三英镑，联邦各省是四十三英镑，而之前阿瑟付我二十八英镑。在巴苏陀兰，我所做的思考比以往任何时候都多。我曾考虑过把家安在这里，但这里的生活停滞不前，这里的人态度冷漠，公务员似乎惨陷泥沼。人们对文化不感兴趣，而我又从来不是什么改革斗士。我对工作精力充沛，却不必组织和指导成年人的活动。那时我被彻底地城市化了，但这里并不能让我感到快乐。

插　曲

我来到巴苏陀兰，是为了寻找某个东西。我不知道它是什么，但它存在着，不在那里，而在我心里。它可能是恨，可能是爱，或两者兼而有之；它可能是污秽，也可能是美好。正如我所说，

---

① 巴苏陀兰的开国君主。

我自己也不知道。踏上莫谢希的国土，我的追寻似乎永远没有尽头，我甚至不知道它是否有尽头。一天晚上，我站在离山脚几码远的地方。在巴苏陀兰你可以发现坚实可触的黑暗，我试图用渴望做成的剃刀割开这一黑暗，但一无所获，我无法缓解心灵的沉重感。我用眼睛洗刷天际，在幻想中把星星扫在一起，并在天鹅绒般的天际留下一个筛网。然后我把星星拢在一起，撒向天际。有些星星转瞬即逝，在蓝色的天际留下银白的痕迹，让我想起了灭蛾粉。但我还是找不到它。火星发出的黄色亮光什么也没告诉我。怎么会呢？一位爱管闲事的访客看着我扭动身体，一路爬行，迎面而上，他听到我诅咒抱怨，与未知交谈，然后他转身离开，表情冷漠，无动于衷。我以为秋天的树木可能会告诉我什么。但棕色的树叶、黄色的树叶在空中飘动，带着沾沾自喜的傲慢飘到地面。一棵棵树站在那里，好像一个个道德败坏的人。

我跟着长尾巴的鸟儿往前走，直到它像贵族一样鞠躬，然后停在一棵树上；我听到悬巢鸟一声尖叫，恶意地嘲笑着鸽子的咕咕声；我看到一群小鸟好像变化的浪尖一样飞翔，侦察领地的老鹰展翅翱翔，准备俯冲而下。

我来到一座高山的山顶。在那里我好像触到了极限，但也有片刻的眩晕。山下是被流水冲刷过的荒凉田地，手指与手指缝隙般的犁沟，造就了梦幻的图片。灰土地朝着天空哭泣，徒劳无益，就像老人发出的咳嗽一样灰暗徒劳——他们为在遥远矿洞工作的孩子哭喊，在那里他们孩子的肺开始腐烂。

充满希望的一瞬间，我以为这个秘密与巴苏陀兰人有关，日出时他不动声色地站在山顶边缘。那秘密就藏在他的圆锥帽里和毛毯里，但或许他也只是黎明的朝圣者。

在莫谢希的国度里，你能感觉到生活停滞不前：你看到一个男人骑在马上，静止不动；宏伟的山脉似乎在同一时刻前进又后退，既充满挑衅又让人觉得放心；马塞卢采石场的石头结构使得空气都变得持久不变；时间的爪子留下了峡谷；平坦的山顶上是村庄，而不是收益微薄的粮食作物；又肥又懒的羊似乎从一开始就在草地上；布什曼人留下了岩画；塔巴·博休仍呼吸着莫谢希的威严，却像狮身人面像一样默默无言，它在石头和泥巴中追寻不朽的传奇。每个场景静止不动，又扬扬得意，令人着恼。就连巴苏陀兰人的脸也是静态的，他们古典的外表掩盖了咆哮而至的洪水带来的浪漫愤怒。

我继续寻求我的渴望。我的身心静静站立。不满足感如此折磨着我，但我不知道自己为什么如此不满足。有时我的思绪和感觉会倾盆而下，很多事情都成了我的希望和向往：紫粉色的夕阳、荒凉的漂白土；挂在小山上的岩石摇摇欲坠；卡利登混浊的灰水；永恒的条纹云肆意伸展，就像天堂里的酒鬼。但是，唉，我的梦想早已远航，此时却挂在亮闪闪的蜘蛛网上，早已风干。我发酵的复仇女神被牢牢钉在十字架上……

那时老朋友阿瑟来看我。我们聊了一夜，在倾诉中取长补短，互相学习。

黎明降临，宣布胜利到来。我的追求已经走到尽头，如果尽头就是搞清楚我追求的到底是什么的话。

那时我知道自己在追寻什么了！我追寻的是一位致命的美女，她叫"痛苦"。我知道我想爱她，呵护她，亲吻她，但不想被她咬死。如果我能追她爱她，再掐死她就好了！我可以把她挂起来风干，嘲弄她，羞辱她。

现在她就在我的怀里。我不再吻她，我们亲吻时发出的蓝色火焰已经变得苍白。她咬我的嘴唇，我把她吸干，不久前她的嘴唇成熟丰满，还朝我性感地噘嘴。我已将她驯服。她是我无聊时的情妇，所以我可以双脚踏地，把她自豪的头颅砍掉，那头颅曾让我血液沸腾。但我不能擅自决定，这还取决于另一个人。我要把这事告诉他。

/ 第二十二章

《鼓》

八月我没回巴苏陀兰保护国，而是应母校圣彼得中学的邀请担任该校的阿非利卡语老师和数学老师。但我的教职未受政府认可，工资全由校基金支付，每月只有十八英镑。

我在巴苏陀兰时，丽贝卡因为过于忧心开支问题几乎精神崩溃，瘦得厉害。

年底，圣彼得中学时任校长特里沃·赫德尔斯顿神父表示第二年会付我双倍的薪水。但那已是我在该校任教的最后时光，因为内务部已将此处"划"为白人区，我不得不离开。当然，圣公会复活社打算以私立学校的形式继续运作该校，而不是将场地租给政府施行班图教育，班图教育①是艾泽伦委员会报告新法案的规定。这意味着一九五六年以后我又要失业了。因此，我不得不另找活计，成了约翰内斯堡月刊《鼓》②的记者和文学编辑，月薪二十五英镑。该社的时任主编是安东尼·桑普森。

十一月我参加了荣誉考试③。考试时，由于精神疲惫，我几乎中途放弃，但最终还是坚持了下来，还因为运气好通过了。

我从未想过自己会成为一名记者。我的整个世界观与新闻业格格不入，对白人媒体和南非新闻政策所采取的严重双标——白人一套标准，对其他人种又是另一套——以及《鼓》对非洲城里人阅读导向的专断态度我都不太认同，《鼓》认为城里人就该读些与性、犯罪和爱情有关的故事。另外，对《鼓》以索菲亚城为参照标准来决定南非的非白人应该读什么内容的做法，我也不予认同。但《鼓》对社会阴暗及政治黑暗的定期揭露，使其成为新闻业应有的推动力。这一切都归功于安东尼·桑普森的作为，更归功于胆识过人的已故记者亨利·恩杜马洛的努力。我在安东尼·

---

① 一九五三年，南非国民党政府通过了《班图教育法》，指出不同种族应接受不同的教育，对黑人教育实行种族隔离制度，推行奴化教育。《班图教育法》规定，新办的黑人中学必须建在土著人保留地，对黑人的教育不得超出培训劳工的水平。

② 《鼓》是主要针对黑人读者，内容包含市场新闻、娱乐和专题文章的南非家庭杂志。现为非洲第六大杂志。

③ 又称"卓越考试"（Extraordinary Examination），是起源于牛津大学的一种为本科生和硕士研究生设置的"综合期末考试"，学生必须通过该考试才能获得学位。

桑普森手下干了三个月，随后又在他的继任者西尔维斯特·斯坦手下干了二十七个月。

我试图从这份工作中得到一些快乐，其中我最感兴趣的是短篇故事的编辑工作。但即使这个时候，我也不得不让那些"黏腻感伤的风流韵事和紧张刺激的犯罪故事"掺杂其中。每次老板说《鼓》已投身于尚未形成明确品味的阅读世界时，我都试图和他争论一番。我认为我们的杂志应该为大众提供更加健康向上的内容，尽可能以创新的方式呈现，并在某种程度上对大众阅读加以引导，但不一定要自命不凡或过分理智。可他说这不是《鼓》要操心的事。虽然我只是一个助理编辑，但从主编身上我也能感受到所谓"政策"带来的压力。我猜他对上级设置的樊笼也感到焦躁不安。但我认为，西尔维斯特·斯坦那种纵身投入重大时事的热切、冲劲和能力不允许他露出一丝一毫的沮丧情绪。或者说，他不能表达一些负面的情绪，而我可以。

我负责编辑的故事中，大约只有七篇不属于庸俗的现实逃避者哗众取宠的故事。大多数时候，我觉得自己如履薄冰。

一九五五年底，我加入了南非非洲人国民大会（下称ANC）。多年来，我一直在这一组织和全非大会组织（下称AAC）间徘徊。它们之间的口水战从一九三五年就开始了，已持续多年，并仍将继续下去：

AAC：你们的贾巴夫、马修斯和其他成员投向了赫尔佐格，还接受了土著人代表委员会这种愚蠢的傀儡议会。

ANC：是你们先脱离联盟，才导致了这一切。

AAC：我们不脱离出来的话，怎么抵制这形同虚设的机构？

ANC：问题是你们光说不练，还脱离群众，对真实情况一点不了解。你们什么时候才会真正采取行动？

AAC：我们可不是你们这样的冒险家和野心家。

ANC：懦夫！

AAC：你们必须先从政治上教育大众。

ANC：谁有权利决定他们什么时候受教育？

AAC：等他们不再受你们愚弄，选举白人反动派进入议会的时候。那样的选举不过是为了推举你们自己的省主席进入傀儡议会罢了。你们欺骗人们，让他们以为拥有实实在在的权利。

ANC：只要有可能，我们必须抓住这一平台。难道你们希望我们脱离议会单干吗？

AAC：如果那个傀儡议会被孤立，被视为卖国贼，就没人愿意让他们代表了。

ANC：别在这里说教！如果人民希望有人来领导他们，我们就可以在已有的平台上这么做，还不会损害我们的利益。这样的平台虽讨人厌，但仍有其价值。这就是马修斯及其他一干人等将土著人代表委员会引入死局，还遭到政府厌弃的原因。

AAC：又是这套把戏，真是没完没了了。你们与白人自由主义者合作是与虎谋皮，这些人告诉你们要用民主和宪法进行斗争，那接下来你们是不是要和统一党合作了？

　　ANC：你们这想法太偏激了。我们选择合作对象也是经过深思熟虑的，如果有共同利益，盟友又不会干涉我们的事务，何乐而不为？这有什么不对？

　　AAC：这是无原则的合作。你们软弱的多种族规划委员会把人民群众搅和到徒劳的"蔑视运动"中，跟这是一样的。

　　ANC：因为我们早期的非洲民族主义口号，你们说我们是种族主义者，是部落主义者。现在又说我们和印度人、其他有色人种及欧裔的民主组织一起工作，是没有原则。

　　AAC：你们为什么不联合起来，就像我们的统一运动一样？

　　ANC：一旦时机成熟，我们不会拒绝联合。

　　AAC：你们还有三个少数民族组织，完全可以像我们一样作为一个联合机构加入统一运动，这样少数民族的问题就能迎刃而解了。

　　ANC：那你们为什么不加入我们的人民代表大会？

　　AAC：如果印度人的组织与非国大的决议相悖，要怎么办？别又胡搅蛮缠！

　　ANC：你们就是害怕行动。就是这样！

　　AAC：总比组织力不够而将人民群众推到警察的枪口下当炮灰要好多了。

像这样无休无止的争吵仍在持续。显然，原则上的相似之处不足以让他们接受对方的观念，而且他们满足于躲在半对半错的"真理"后面。我参加他们的会议已有十年，且在双方的讨论小组里都待过。如今我已经受够了双方的扯皮，无论如何我已经尽力。

对强势插入我们中间的法定政治机构应进行抵制，我完全赞同这一观点。同时，我无法从全非大会组织开会时醉心的智力活动中找到归属感。他们对民众的抗议游行和集会相当不屑。同时，我认为自己之所以接受全非大会组织的某些政治观点，只是为了避免产生排外的非洲人心理。我本能地认为，自己并未真正怨恨印度人和有色人种的想法十分可贵。我甚至认为，当务之急是建立一个紧密的非白人团体，这样少数民族问题就不会再出现了。但当初非国大的建立就是因为非洲人觉得作为一个民族受到了普遍的歧视，所以我试着接受现实，满足于现状。非国大已经摆脱其二十世纪四十年代秉持的沙文主义，如今与南非印度人大会、南非有色人种组织及南非民主大会密切合作。

我想要抓住一切机会调和非国大与全非大会组织之间的矛盾。但我没有想到更好的句子来表达，我只能说全非大会组织可以多一点激情和进取精神，少一些固执；非国大则应该更坚定一些。目前为了使全非大会组织更加理智，非国大发起了各项运动。

如果一个人被卷入诸如刻不容缓的多种族结合之类的政治事件中，他很难对有些事情下定论。在一次公开会议上，我与印度朋友及有色人种朋友私底下进行了讨论。我非常担心所谓的"民族群体区域"政治。我问他们，印度商人什么时候才会出钱支持他们的印度人大会？难道要等到威胁他们业务的特定法律出台，他们需要大会出面制止时吗？为什么印度人从来不帮助非洲人民反对《通行证法》①？他们只有在自己的生意被民族群体区域立法扼杀时，才会发表意见。他们重视议会和市政代表吗？还是只想确保自身的财务安全？

我的朋友们说，应该给商人们一个机会，等他们意识到没有政治力量的支持，经济优势只会是短时效应时，他们就会醒悟了。

一位有色人种朋友告诉我，他所在的组织不过徒有其名。他承认只有那些认真看待政治的有色人种才是统一运动中"站错"队伍的有识之士。同时他也承认，大多数普通有色人种更关心的是"保持特'色'"，而不是一再被归类到所谓"土著人"中去，否则他们就得随身携带通行证，薪水也会变得更低。他称之为"防御性政治"。

我在非国大的那几年，《班图教育法》开始在非洲各所小学启动。另外，约翰内斯堡辖区内原先有三个城镇允许非洲人终身保有不动产，其中之一的索菲亚也在这一时期"沦陷"，因为被划入了"白人区"。我在《鼓》上报道了这些事。这两项措施让非国大

---

① 《通行证法》是南非当局颁布的几百项有关种族歧视的法令之一，规定年满十六岁的非白人必须随身携带通行证，证件不全者随时会遭到逮捕。

措手不及，因为其领导层对教育文化之类的事情从不感兴趣，他们的时间都用于纯粹的政治意识形态的组织工作中。因此，对上述两项措施的抵制都以失败告终，非国大还想糊弄几个口号为群众鼓舞士气。索菲亚的抵制运动之所以未能成功，是因为没有考虑到数量巨大的租户。这些人一窝蜂涌入索菲亚的周边乡镇，发现梅多兰兹三个房间的月租只要四英镑，便止不住欣喜若狂，因为在索菲亚一个房间的月租就至少两英镑。因此，即便等待他们的是设施简陋的居住环境和市政部门的严密控制，他们也不管了。

对学校和班图教育的抵制问题上，领导层分歧巨大且毫无头绪。抵制者未料到会陷入这样的恶性循环：参与抵制的上班族家长，白天势必要把孩子留给学校照管，几个月后他们会知道班图教育作为一种压迫工具，如何在教室内压迫学生。

教会在《班图教育法》的问题上反倒没什么分歧。政府要求他们将教学楼移交给政府，并不再对他们的教育提供资助，因为教会学校告诉黑人他们并没有低白人一等。约翰内斯堡圣公会做了艰难但勇敢的抉择，他们关闭了自己的学校，拒绝让学校为此等低劣的教育体制服务。某些教派则随遇而安，默默认可了政府的命令，还有一些甚至试图为班图教育正名。卫理公会的詹姆斯·韦布博士就对不知情的群众说，新的教育法其实还挺不错的。罗马天主教会则打算创立私立学校，但当时的土著事务部部长维沃尔德博士告诉他们，他的部门最终将接管这些私立学校。到目前为止，约翰内斯堡的圣公会大楼依然空无一人。

种族关系研究所的一则声明表示，新的教学大纲不逊于旧的教学大纲，师生双方正致力于改善现状。大纲的具体内容如下：

科目：《公民权利和良好行为》（维沃尔德专利）

一、我们需要下列人士的效劳：

（a）校长、主任、警察、农业官员（监督员：都是白人）。

（b）聚居区的管理人员（都是白人）。我们如何帮助这些官员和专业人员开展工作。

二、地方政府：城市和农村地区各级班图管理机构（维沃尔德专利）。

指令和指导，包括个人身份证（即通行证，这一温和的叫法是为了减轻黑人们的恐惧）。

劳动局及其运作方式。（还有运作方式！这难道不应该是劳动力拍卖市场吗?）

城区的控制措施——控制出入城区的各项措施及其成因。

三、科目：《环境研究》（维沃尔德专利）

学校周边地区所做的各项工作及他们为社区的幸福和进步所做的贡献（斜体字部分是重点）：

四、酋长及其顾问；农民（对廉价劳动力有着敏锐嗅觉的都是白人）；商店老板（在农村地区，都是白人）；土著信托官员（都是白人）。

在"历史与社会生活"课的教学大纲中，我们看到令人无法苟同的内容——

备注：只有与欧洲人在开普定居有关的重要史实，才需要传授给学生。

在《鼓》杂志中，我还报道了举国震惊且令金融界闻风丧胆的大客车抵制运动。在政府的许可下，约翰内斯堡和比勒陀利亚的公共汽车票价上涨了一便士。全国其他城市随之兴起"同情抵制"运动，黑人们表示："我们实在不想走那么多路，所以干脆还是待在家里好了。"直到这时白人才知道害怕。起初白人媒体还对黑人的经济困境假意示好，称抵制运动为其"带来了光明"。但没过多久，他们就开始公开反对抵制运动了。

此外，我还报道了这一大事件：两万名黑人妇女在南非政府及总统府所在地比勒陀利亚的联合大厦前举行示威游行。她们向政府递交联名抗议书，反对要求妇女携带通行证的强制措施。当时的总理斯特里基多姆不在现场，于是抗议书便交到了他的办公室。游行者们在大厦前竖起大拇指①挑衅示威。在这二十分钟的静默中，负责人莉莲·恩戈伊稳住了她们。令我觉得讽刺的是，黑腰带组织②的女性成员（均为欧裔）与往常一样，在大楼入口处对政府官员动之以情，以期恢复一九一〇年的宪法；与此同时，却

① 在很多国家，竖大拇指是一种挑衅的行为。

② 南非一个非暴力的白人妇女的抵抗组织，成立于一九五五年五月十九日。

有更多人呼吁政府废除一九一〇年宪法，以适应多种族统治。

我陷得太深，总是在自己的报道中太过主观，因此受到了严格的编辑审查。作为《鼓》的一道必经程序，这没有让我太过苦恼，因为我并不想做记者。我想教书，想成为作家。在这三十个月内，我不得不过两种生活：白天作为助理编辑整理报告和小说，夜间努力学习和创作。尽管我尽我所能，仍没有达到两者的平衡，也找不到适宜的交会点。我的文章受到严格的新闻审查，但我尽量坚定自己的意志。我觉得自己像一个动作迟缓的重量级拳手，希望每一拳都能击中要害，但比赛本身要求能攻能守，能孤注一掷，能真心热爱比赛，否则只能退出。

一九五六年，为了取得南非大学文学硕士学位，我开始为学位论文做准备。我的研究主题是南非英语小说中的非欧裔角色。南非文学创造了大量非白人角色，让我想要探究这些出现在英语小说中的"谜团"。我对非洲文学及其他英语文学做了调查，发现下列作家都创作过非白人角色：康拉德、爱德华·摩根·福斯特、威廉·福克纳、吉卜林、穆尔克·拉吉·安纳德、赛珍珠、威廉·普卢默、乔治·奥威尔、哈丽叶特·比切·斯托、卡尔·范·韦克滕、康梯·卡伦、兰斯顿·休斯、理查德·赖特、克劳德·麦凯、罗格·梅斯、乔治·拉明、约翰·斯坦贝克和戴维·卡普。然后我对最早出现非白人角色的南非文学进行了一番研究，把从托马斯·普林格尔到赖德·哈格德的作品都囊括其中。他们创作了大量作品，其中的非白人角色要么是战场上凶狠的野蛮人，要不然就是内在粗鄙的伪君子。

我还研究了南非四大顶尖小说家：奥利弗·施赖纳、萨拉·格特鲁德·米林、威廉·普卢默和艾伦·佩顿。此外，我还对七位不那么重要的小说家进行了研究。说他们不那么重要，仅仅是因为他们作品中的非白人角色并不十分突出，但他们的作品又有学识和情感方面的诉求。这七位小说家分别是：劳伦斯·凡·德·普司特、格伦费尔·威廉斯、亨利·约翰·梅、奥利弗·沃克、彼得·亚伯拉罕姆斯、哈利·布鲁姆和纳丁·戈迪默。

读彼得·亚伯拉罕姆斯的作品时，我才明白对想要证明自己的他来说，这些文字有什么意义。通过小说中的人物，亚伯拉罕姆斯将这种激情凝结成作品中最主要的象征意义，即对社会禁忌的悲剧性渴望。尽管我也常常在极端痛苦的时刻进行思考，但我认为他的《视觉精彩》不过是他对白人恩惠的渴望。尽管许多因素限制了他的作品，但我对他在文学领域的成就依然真心钦佩。

我以爱德华·摩根·福斯特、约瑟夫·康拉德和威廉·福克纳的作品为标准，评判非白人角色的刻画是否真实，使作为伤痛文学的南非小说不受所谓政治信息或说教束缚。南非作家的主要弱点在于，他们对本国的种族问题过于敏感，痴迷于谈论种族和肤色问题，一旦开始创造性写作，脑海中那些即将展开的情节、要创造的人物和故事的设定，都必须很好地传达他们在种族关系上的思考与发现。我很欣赏威廉·普卢默和劳伦斯·凡·德·普司特的讽刺诗，在我看来，正是这些讽刺使《图沃特·沃尔夫》的主题比艾伦·佩顿的说教更有意义。

但威廉·普卢默的《图沃特·沃尔夫》描绘的是一个通过各种暴力手段发现新大陆的白人；同时，这一人物又带有抵制白人极权主义的高尚文化，其种族态度和种族关系是该人物设定所特有的。在《纸屋》的创作后期，威廉·普卢默的阅历更加丰富，种族接触不再唤起他的浪漫情怀，不再激起他的反叛精神或钦佩之情，他也不再希冀提出相应的解决之法。普卢默简单描述了阶级结构背景下人类自身及人类所面临的问题，在日本以外的其他地方都可以发现这一阶级结构。正因为对非白人的刻画，他的故事比他的小说更有意义。"他通过塑造的角色，而不是脱离于人物的一通说教，将东西方之间的冲突与和解真实地体现出来。"

尽管奥利弗·施赖纳像普卢默一样，将非白人角色与其所处的背景紧密相连，使其成为背景的有机组成部分，我还是把她单独归为一类。如果你爱施赖纳，就会爱上普卢默；如果你不喜欢施赖纳，也就不会喜欢普卢默。

普卢默将她对这种背景的回应称为"非洲暴力"。

在此，我将引用我论文中的话：

"非白人住在聚居区或保留地，或为城里和农场里的白人工作。在那里他们可能是租户，要不然就是非法居民。在整个社区都与外界脱节的情况下，很难孕育出健康向上的公共文化，而正常的社交及经济往来也变得艰难，甚至不可实现。民族文化问题即民族文学问题。只要此等情况依然存在，文学就必须保持其纯粹性。"

一九五六年底，我提交论文并获优秀毕业生称号。这是南非大学英语系第一次将本科以上的学生选为优秀毕业生。这所大学对欧裔和非欧裔的校外学生一视同仁。

一九五七年冬天的毕业典礼上，我脑海中不断浮现两个女人的身影：一个是我已故的母亲，我多么希望她还健在啊！另一个是丽贝卡，这一天对她来说也是胜利的日子。

包括两名印度人在内的六十多名毕业生，聚集在凯尔纳顿学院的小礼堂。该学院是比勒陀利亚市区外的一所非洲寄宿学校，雷沃内二十年前曾在此受训成为一名教师。这六十多名毕业生都已参加工作，通过业余时间自学获得学位。两年前的同一天，我曾在这小礼堂参加自己英语荣誉文学学士学位的授予典礼。而此前，白人的毕业典礼已经在比勒陀利亚市区举行过了。虽然南非大学的函授课向白人与非白人收取的学费相同，教学大纲相同，考试的内容与形式也相同，但种族隔离制度却禁止白人与非白人一起举行毕业典礼。大学校长和所有的学术委员会成员均为欧洲人，他们坐在我们面前，看起来全都无比南非，无比中世纪。我和丽贝卡邀请了杂志社主编西尔维斯特的妻子珍妮，还有好友阿瑟夫妇参加我的毕业典礼，他们就坐在观众席上。珍妮拒绝坐在前两排，那里的位子被几个白人给占了。

科奥尔先生是文学硕士兼教育学硕士，同时也是奥兰治自由邦班图教育的副督学。他在典礼上发表讲话，赞扬了白人的"慷慨"，因为他们将教育施舍给我们；他赞扬了教育部门的"明智"，因为他们在奥兰治建立了全国"首屈一指"的施行班图教育的学校；他还赞扬了奥兰治白人农场主的"创举"，因为他们在自己的土地上为工人的孩子建造学校。同时，他为自由邦白人对印度人的冷酷态度开脱，除了原有的四位印度居民外，奥兰治拒绝接纳外来的印度人。无论如何，没有非洲观众对他的演讲报以掌声，只有南非大学的白人鼓了掌。

轮到我时，我有些飘飘然，感觉像站在自动扶梯上似的到了校长面前。而此时，人满为患的大厅里爆发出那个下午最热烈的喝彩。

之后毕业生与嘉宾、教职员工聚在一起喝下午茶。那些白人再次无视我请来的客人，自顾自抱成一团，隔离我们。他们霸占了成套的茶具，留给我们的只有各式各样不成套的杯碟。

次日，一份约翰内斯堡的阿非利卡早报称，是时候让欧洲人称受过教育的"班图人"为"先生"了。该报道声称，科奥尔先生作为受过教育的"班图人"，就是一个很好的例子。

英语系主任戴维斯教授曾和气地对我说："别受这个影响。"

一九四七年读本科以来，我便一直跟着他学英语。我确实有点在意，但在意的方式与他以为的恐怕并不一致。西尔维斯特夫妇在郊区的房子里为我举行了派对。他们请了欧裔朋友，也请了非白人。我们吃喝玩乐，疯狂跳舞，无意间就违反了所谓南非传统生活方式。那天晚上警察随时可能冲进来，以"非法入侵"为由逮捕我们。我们也可能因为没有携带夜间特别通行证，或者喝了点啤酒而被捕。西尔维斯特和珍妮也可能会因为给非洲人提供啤酒而被捕。但我们已经不在乎了，因为我们每个人都在不同时期遭受过严重羞辱。我们教会了印度朋友巴尼·德赛一首索托语乡村民谣，并在地板上跳踢踏舞，演绎这首歌。这就是硕士学位留给我的回忆。那天晚上回家时，大约十五英里的路程中我们被五批不同的警察拦下，这使我想起了电影中战争时期德国及被占领国的生活。每一次被拦下，警察都要求我们下车，然后搜身，并要求我们出示夜间通行证。但我们并没有那玩意儿，只能撒谎应付他们的盘问。老实说，白人警察还不如黑人警员认真负责。

文学硕士学位在我脑海中唤起了些许自豪感。一周后，我们在奥兰多的家中也举行了派对，邀请有色人种、非洲人、印度朋友和欧洲朋友参加。这一次轮到西尔维斯特、珍妮和其他朋友违反南非的传统生活方式了。珍妮出生于英国，有着让势利的南非白人难以适应的胆量和外貌。在这个国家生活十年后，她一点都没改变。我们郊区的朋友默特尔和蒙蒂·伯曼，完全担得起"外国土著人"的称号，他们只是取得了南非的国籍，却通过嘲笑白人高层的愚蠢行为就顺利解决了他们的社交问题，并将精力投入非白人的教育工作中。

到场的白人朋友有珍妮和马尔科姆，其他则是我们的四十位非洲黑人朋友，有教师、护士、职员、医生、通信员和记者。仅十八平方英尺的起居室兼餐厅，和九十六平方英尺的儿童房挤了三十多人，但似乎没人介意。聚会的花销都由《鼓》杂志的员工买单，用我们温文尔雅的作曲家布洛克·莫迪萨的话说，"就当给你买礼物了"。

布洛克是穿着牛仔装来的。我们给他找了位神秘嘉宾，共同演绎电影《世界上最快的枪》中的戏剧性场景。索菲亚无冕喜剧之王、萨克斯手格威格威模仿了他的前任欧裔老板，引得我们哄堂大笑。另外，还有一些避无可避的不速之客，有一位当地的女人醉得不轻，她胸部丰满，坚持要亲我，一边还说"你太厉害了，泽克"。实际上她已经五十岁了，却很喜欢装嫩。

我们围成一圈，高声唱着牧歌，歌声淹没了留声机的乐声。随后我们还大声唱起了狮子圣歌和其他非洲歌曲，一夜欢歌笑语，吃喝玩乐，闹个不停。

一个非洲警官前来查看现场。有人给了他一杯琴酒，他咽下去后很快笑了下，敬了个礼，说一切都没问题，我们可以继续了，他回去会和同事说"这儿什么问题也没有"。正常情况下，这样的

"混合"派对是不可能"什么问题也没有"的。

一九五七年初，心里的恶魔不断对我低声耳语："妥协吧，妥协吧！"离开南非，到更高远的天空翱翔的想法突然闯入我的脑际。我被禁止教书，各类境遇也打击着我，让我只能蜷缩在苦涩中，快要窒息。我们把家庭开支控制在每月四十英镑的可怜收入内，《鼓》给我加了薪，但数字卡死在四十英镑，搞得我没法高效写作。我常为新教育体制下孩子们将来可能受到的教育感到绝望，但我又觉得除了与其他家长一起在本国杀出一条血路外，我并没有将他们带离这里以拯救他们的权利，而且我觉得自己仍需要做好道德心理建设。阿瑟告诉我，伦敦的海外就业局正在东西非、苏丹和其他国家招募教师，我投了申请并被录用了。我选择在尼日利亚的首都拉各斯教书，那里的一所圣公会语法学校给了我一个职位。四月我申请了护照，尽管我知道获批的可能性很小，毕竟最近好多"无害的"非洲人连护照都申请不到。

插　曲

星期六晚上。从远处看，路灯真美啊！一盏路灯可能看起来挺乏味，但一盏盏路灯聚在一起就灯火摇曳、灯光闪烁。夜幕下这些火焰小宝石是多么迷人啊！在昏暗处，从几英里外远远望去，你知道它们无法触及。看上去越美，就显得越遥远。或者说，离得越远，看上去就越可爱。

　　在这里，在奥兰多这个黑暗的小镇，星光下是长年累月的黑暗与星期六晚上习以为常的尖叫声、呻吟声和鼓声。这里是贫民区，抬头望去却是奥兰多的另一面，灯光看似触手可及，但却嘲笑着，闪烁着。在遥远的天际，一簇簇星辰沐浴在空中，看起来明亮又洁净，在神奇的夜幕下呈现出水晶的质感。我仿佛能把它们装进一个容器，并在夏天的夜晚留下一个筛网。它们立刻就变成人的样子，一下子变得遥不可及。目前来说，正是如此。

　　酷热的夏夜，到处是飞蛾，让人没法入睡。走进院子，深吸一口气，眺望远处美丽的灯火，等着孩子们上床睡觉，因为家里的客厅兼餐厅也是我们的书房。离开第二大街以来，等家人睡觉后，你才能开始你的研究，一直以来都是如此。丽贝卡也一直在玩这种游戏。她攻读三年制的社会工作专业，今年是最后一年。在土著事务部部长维尔沃德明确宣称非洲教师的职责是把孩子训练成奴隶时，她就不再教书。每天下午五点她从学校回家，然后做饭；我负责给孩子们梳洗，九点开始做自己的研究。

　　今晚你的伴侣早早就寝，而你有一个故事想写，或者说你想写一个故事。在考虑如何开篇时，你看着盏盏灯光，可能在想帕克敦、帕克伍德、埃马伦蒂亚、西崖或北崖这些地方可能有灯，但很快你就放弃了。

　　图片、幻想、奋斗、愿望、欲望、记忆和有才智的所有生物都折磨着你。你会想生活是多么肮脏，生命本身是多么荒唐可笑。

它可能就是一场毫无意义的游戏，卑微渺小却无休无止，它本不该这样。

一切蜂拥而至，你发现自己被囚禁在紧闭的房间里，没有出路。你对自己说你有天赋、有能力，满怀真诚的想法和憧憬，也有远大的理想。你甚至幻想你拥有别人所谓的雄心。也许你会拥有自己的公司或事业，你想以某种方式告诉全世界你想要的是什么，你还想告诉全世界你的所思所想。你想给人生赋予一些别人不容许你赋予的东西：在别人对你说话时，你可以诉说这个世界想要诉说的东西。可最终你的人生乏善可陈，它憎恨你的努力。你内心的奋斗和欲望不断折磨着你，嘲笑你的不自量力。但要逃离这座监狱却找不到出口，你知道被囚禁的是你的灵魂。

当然，最好的出路就是把灵魂留在这个樊笼里，开始新的生活，让自己的雄心随风而逝，成为彻底感性的动物。把灵感、抱负、理想、宏图和美好留给上帝的选民吧！你甚至不承认你曾拥有雄心之类的东西，仅满足于每日的衣食住行。如果一个人像动物一样只追求必需品，那他会从生活中汲取多少喜悦和满足啊！或者你会像许多受过教育的非洲人一样，痛饮一番，把肉体之外的冲动通通抛至身后。

远处的电灯依然闪烁，挑逗着夜晚的幽灵：小小的闪烁之光，那么怪异，那么没有活力。

当然，一旦对某些事物的存在变得敏感，就足以知道它们不在那里，它们本应在那，但你不能回去，你能吗？你与家族的联系早被切断，一切都是废话，说什么班图文化，说什么黑人按照自己的道路发展。你只觉得世界对你来说变得太小，越来越小，把你拘禁其中。这个世界还可能变得闷热，与你逃出来的地方一样闷热。如果你想逃离某个地方，不在意这个世界要求你在意的宗派问题，你会变得更加痛苦，更加愤世嫉俗。虽然你因为自己的愤世嫉俗而精神萎靡，但你的离开并不会让这个世界变得更糟。不能后退一步，所以你只能前进，为一个更好更伟大的南非而战。战斗的方式可能各不相同，但必须这么做。这不是消遣，而是令人绝望的必做之事。知道这一点会让你觉得愤怒。

奥兰多，是美化过的马拉巴斯塔德。星期六晚上与二十五年前的马拉巴斯塔德一模一样，十点差十分会有宵禁，现在的宵禁法只针对城市和郊区，以保护因受惊吓而变得神经质的白人。他们手上有左轮手枪，枕头底下有麻醉药品。是的，仍是一样的，唯一的柏油路仍通往白人警司的办公室。黑人居住区都是三居室的房子，一九三四年以来黑人居住区一直在朝西面和南面蔓延。它不往东发展，因为那是约翰内斯堡的方向，约翰内斯堡离这里有十二英里远；不往北发展，因为那里有金矿。我们住在有四个房间的屋子里，尽管我们附近有世界上最大的发电站，家里却没有电灯或排污设备。以前的租金是五十先令，现在已经涨到五英镑。随着梅多兰兹、莫福洛、杜贝、杰贝坞、莫罗卡、莫拉波和莫尔察内等区域的开发，奥兰多能容纳二十多万人。它正以变成贫民窟的方式慢慢溃烂，就和我们南面的那地方一样。黑人大都市逐步扩大，迎接从西部城镇迁移而至的难民，在那里他们只把非洲人看成劳动力。对一些班图的白人最高长官来说，派系斗争是快乐的来源，他们决定把人民赶进民族车厢，把成千上万的单身男子扔进旅馆的大宿舍，那里围墙高耸。

以前在索菲亚这种拥有永久产权的地方，租普通人的房子比租政府的房子更好，但现在两者的差别仅仅是学术上的。警察还在我家前面的路上来回奔走，但他们不是为了保护众人的生命和财产，而是对法律负责，要求行人出示通行证。警察在白人区域不断巡逻，把暴力的火焰赶到我们黑人的家门口。相对的洁净和城市规模缓和了这里的政治不满，但你知道你身处贫民区，和上帝，和那些灯火相隔太远，无法企及。你和他们之间隔着无限的黑暗，黑暗中有尖叫声、呻吟声、叫喊声、哭声、笑声和歌声。这些声音越来越响，达到了疯狂的程度，只有夜晚的幽灵才能压制它们。

在人间，在这个肮脏的深坑内，你听到人们哭着要你帮忙，他们向你要食物要住所，大家已经喘不过气来。你知道一切又绕了回来，生活陷入纠缠不清的铁丝网中。在那里待的时间越长，就越深陷其中，受到的伤害也越大，也越无能为力，也就越不能自救。因此，滞留在铁丝网内的时间越长，就越退化。

"你和其他人在目前或可见的未来能做什么呢？"犹太朋友萨沙这样问你。这已经是五年前的事了。"你就不能找个其他地方？在那里你播下种子的时候，多多少少相信它会变成有价值的东西。"他用带着些许探究之意的目光看着你。你知道自己必须回答。

"我还不知道。"你说，"我什么都不知道，只知道局势会越来越紧张。去其他地方，可能更糟。我内心的坚忍告诉自己要留下来，我对自己一再重复圣人的话：'没有尽头的就是奇迹。'"

"这不现实。"

"萨沙，并非如此。无论如何，看看不久的将来你就知道了。"

"这还真是非常必要的补充。"

但你知道，即使不久的将来也不是那么近，你的眼前还是暗淡的未来。

灯光永远颤动，展现出一种冷漠、客观、坚硬而冷酷的美。有些东西只有它们和夜晚才明了。它们逐渐成为一种象征。

"你打算推到什么时候？"萨沙问。

"我也不知道。但现在我觉得让孩子降临到这样的国度和世界是一种罪过。"

"嗯，你又心情抑郁了？"

"只是正常程度的抑郁。"

"除了宗教上的自我否定，这世道不让你拥有很多东西，这已经够糟了。至少它不能不让我生孩子。"

"宗教和这没关系！"你烦躁地说。

"我的意思是，你并不是真的怕孩子带来的责任，你很努力。"

是的，五年前，在劳动力市场找工作时，你认为把孩子带到这个世界，让他们体验你经历过的精神或肉体的痛苦是一种罪过。不是现在！你一直说：现在还不是时候，也许永远都不是时候。

上帝啊，晚上真热啊，空气似乎静止不动。卧室里传来咳嗽声，是丽贝卡。多奇怪！五年前，就在这样的夜晚，你站在阳台上，眺望着远处颤动的灯光，回想萨沙的话。这时丽贝卡咳了一声，然后走过来和你待在一起。之后，她靠得更近，说："你知道，我有了。"有什么？孩子，难道你不高兴？随着时间的推移，你和自己，和孩子，和不可避免的事物达成了和解，许多变化也随之而来，然后周围的世界似乎变得开阔了。你想起了萨沙，善良的好萨沙。你的耳朵对外面的一切变得无动于衷。你身体内部开始复苏，你的血液在血管里温暖地流淌。你渐渐领悟到，你的第三个孩子快要出生了，这是你不能否认的一件事，你感到开心又为难……这是五年前的事了。

灯火颤动，明亮如昔，看上去如此干净，如此欢欣，如此新鲜，逗弄你生命的源泉，回应灯火对你象征性的呼唤，一切包裹在黑夜的神秘中。

老三莫齐威利，今年四岁，经常看到警察把人带往审讯室，或者市政警察在街上痛打成年男子或男孩，就像多年前你在马拉巴斯塔德看到的那样。现在看到警察在路上来来回回地走，莫齐威利会紧贴着你说，爸爸，警察要抓我，还是要把你或妈妈带走？你抱紧受到惊吓的孩子，想起第二大街那长长的分水岭。还有一次，莫齐威利来到你身边，拿用电线做的烂手铐，对你大叫"把手伸到这里来！通行证在哪里？"你会教他不要再顽皮。现在他想要的是手电、警棍、大大的宽皮带和警徽。多么痛苦啊！护照，会有吗？或者它就藏在这些路灯里？特雷弗的话一直在你耳边回响，当你很想很想要一个东西，你就会得到它。你还记得这些灯不是大脑虚构出来的……

你的长子安东尼已经十岁了，早上去店里时，他会提醒你别忘了通行证，星期天早上更是如此。他看到很多很多人在星期天早上被警察抓住，因为没带通行证，这些男的，大大小小，排了长长的队才走进缴费办公室。更大的痛苦啊！

无论发生什么，你知道在南非最严重的叛国罪新闻就是你为《鼓》所写的《天鹅之歌》①，你必须停下来！这会令你分心。好吧，就目前而言，我必须假扮霍普金斯的角色，做一个"时间的太监"。

---

① 传说天鹅在临死之前会发出它这一生当中最凄美的叫声。

/ 第二十三章

尼日利亚的机票

我等啊等，等了五个月，结果却告诉我拿不到护照。我找了荷兰归正会的一位牧师，他是非洲人，我们相识好几年了。自此，我多次往返于约翰内斯堡与比勒陀利亚之间。从他那里我知道了非洲人申领护照的全过程，以前我只知道第一个步骤和最后一个步骤。你的申请、权威人士推荐信的三份复印件、妻子或家人同意你离开的信，需要提交给土著事务专员，然后付一百英镑。专员心情好的时候，会把你的材料寄给一百多英里外彼得斯堡的土著事务专员主管。同样，这位主管会在心情好的时候，把你的材料寄给比勒陀利亚的土著事务部，并附上一份当地专员的意见复本。之后刑事调查部保安局会给土著事务部发送一份独立报告，土著事务部会将所有文档转给内务部的大臣。我的牧师朋友直奔比勒陀利亚刑事调查部的总部。该部门的负责人出具了我的档案，那档案记载了我的主要经历，包括一九五〇年我成为德兰士瓦教师协会秘书后的事，我发表在报纸上的文章，我反对班图教育和政府措施的讲话，我在约翰内斯堡街上群众政治集会上的演讲，讨论会上受欢迎的讲话和一些尖刻的讲话，所有这些都记录在案。我知道他们一直在这么做，现在我知道护照申请被拒的原因了。

这样的档案势必让我申请不到护照。刑事调查部的最高长官对牧师说，我们怎能让他离开这个国家？但牧师说如果不让我出去，我会变得痛不欲生。这位长官听了后，说："把他叫到我办公室，让我们听听他怎么说。"

我去了他的办公室，准备看看情况。我现在还在想南非最可怕最不受欢迎的机构，也就是保安局，它的负责人到底要的是什么。与常见的强硬粗暴、反复无常、冷酷无情的警察不同，我面对的是有文化的白人。他跟我讲话的样子就好像他是我的父亲，是的，但有人情味，轻声细语。他不是那种让我汗毛倒立的警察。他想知道我能否讲阿非利卡语，那是他的语言。从那一刻起，我们一点英语也没说。他问起我的生活经历，整个过程中他对我的流利程度感到惊讶。我并没有受宠若惊。他记下了我攻读学位时所学的科目，记下了在不同时间与我打过交道的白人。他想知道我在尼日利亚的工作是如何找到的，谁帮的忙，谁推荐的。我没有告诉他所有的信息，我确信他也知道这一点。

之后，他说他能理解我不能教书的痛苦，政府并不是真的像我们认为的那样打算压迫我们。他自己曾在统一党政府任职，事实上他个人是支持黑人进步的，他也曾敦促政府允许非洲人购买欧洲酒，即使他的教会荷兰归正会反对这么做。"我一生中可以做的最后一件事，"他说，"如果是将你从痛苦中拯救出来，那我会这么做。"所以他请内务部的大臣允许我去尼日利亚。但这位负责人说，如果我觉得有必要公开谈论南非，就不应该说给予自己教育的国家的坏话，他说我应该牢记这一事实：南非为非白人所做的比任何一个非洲殖民地都要多，他说他不要求我发誓。我请牧师代为感谢他的善意提醒。两周内，我应该就能拿到我的护照了。

　　我的机票定在九月六日，出发前三周我去面签。这三个星期我一直在联合大厦的走廊里窝着，每次去都被办理护照的初级职员告知，我的文档和刑事调查部负责人的最新信件已经放在内务部长的桌上，等候他签字。那段时间我感受到了政府权力的巨大羽翼，充满了冷漠或绝对的仇恨。他们没有像通行证办事处或邮局的人那样使用苛刻的言语。在这里，正如联合大厦的柱子、墙壁和地基一样，权力的炫耀方式是蓄意的、肯定的、傲慢的。每次去，牧师都陪着我，总是他转告我这样的话，"大老板还在忙"，那里的职员总这么说。牧师给我的印象是，他好像受过多年的耐心训练，我对自己的等候能力也感到惊讶和震惊。我总是害怕有一天我会发现等待很容易，或者干脆接受现状算了。我真的很震惊，尽管我漂浮在不合时宜的等待、思考和感受中。我不惜一切代价想知道那位大老板到底在忙什么。但权力的翅膀仍然打击了我，它对我的伤害很深，可不知何故我依然坚持着。乘飞机到拉各斯的前一天，我去比勒陀利亚取护照。

九月六日我离开了我的朋友们，离开了南非。我十个月的希冀和梦想，在荷兰航空公司的飞机飞入云层的那一刻终于实现了。在我三十七年的生命中，这是多么特殊的一天！

丽贝卡和安东尼、特蕾莎及莫齐威利于十二月二十二日赶来与我相聚。丽贝卡曾遭受与我一样的屈辱，只是没人对她进行父亲般的说教。她出发前一晚才拿到护照，出发那天的早上不得不去移民局更正护照，飞机因此还延迟了一个小时。

圣公会语法学校支付了我们一家人的单程机票。我的朋友，包括阿瑟、特雷弗、帮我们搞戏剧又一直支持我家人的那位女士，在我们新的冒险旅途中总是不断给予我们鼓励，物质上又给我们很多帮助。

我的许多朋友试图劝我不要离开。"留下来继续斗争"，他们总是这么说。"我做不了什么。"我告诉他们，"我不能教书，可我想教书；我不能写东西，可我想写。"

"你已经得到了所有你想要的，这里总有刺激你的东西。"

"这就是问题所在，它是令人瘫痪的刺激。你必须保持前进，以炽热的情感书写，所有一切都很无情。几乎没有一刻把人当人。总把人看作政治环境的受害者，这样人总会垮掉。也许对我来说就是如此。我已经厌倦了抗议性的创作，南非的情况已成为陈词滥调的可怕的文学素材。让家人吃饱穿暖是一场永久的战争，我们身处疯狂的白人中，他们正竭尽所能阻止我、破坏我的能量，所以我觉得没什么可写了。"

"你想要安逸些吗？"

"合理范围的安逸。"即便如此，我想自己也没弄清楚我想要的到底是什么。但是，我迫切想要精神上和道德上的补给，后来是考虑到孩子们的教育问题。也许这只是暂时的休息，我不知道。这将意味着挥手告别我人生中发挥了重要作用的人或事，其中有些好，有些不好。

听说我彼得斯堡的祖母已经很老了。我父亲在我母亲过世不久后也去世了，去世前他的第二任妻子抛弃了他，找了另一个男人，把三个孩子留给了他。我不知道他的两个姐妹在哪里。我弟弟拥有美满的婚姻，生了七个孩子。这几年来他在土著事务部任职，现在在找另一份工作，不再做公务员。

我妹妹的婚姻触礁了。她和丈夫要离婚，他们有五个孩子。跟他离婚，是因为身处的环境闻起来就像炉子上可怕的煤油味，还有煮沸的肉、土豆和咖喱的味……一想到这个我就受不了。她在约翰内斯堡一家服装厂做机械师，勉强养活自己和孩子。但根据新的劳动法，她的工作现在必须留给白人。她的前任丈夫成功说服奥兰多警司把她和孩子赶出他们的房子，去约翰内斯堡十六英里外的棚户区居住。

第二大街的外婆现在八十岁，体弱多病。她现在不和多拉阿姨一家一起住，而是和小儿子住在比勒陀利亚带永久产权的莱迪塞尔伯恩。和索菲亚的居民一样，他们必须迁移，因为那里是黑人聚居点，离白人太近了。但无论搬到哪里，他们都不能拥有自己的土地。外婆每天早晚仍然祈祷，并设法在星期天和星期四下午去教堂参加妇女的祷告会。她的儿子和儿媳凌晨四点就得出门上班，因为家里离市区大约九英里。所以，她得独自一人祈祷。她拄着拐杖，打扫家具，清洗锅碗瓢盆。多拉阿姨现在有五个孩子。自从搬到莱迪塞尔伯恩，她变得更加沉稳。不知怎么的，她的自尊自重让我觉得她就是我的母亲，我爱她。她丈夫仍在城里的国家博物馆工作，但因患肺结核变瘦了。因为也要搬迁，他们打算按揭买一块地，在那里建一幢像样的房子，带客厅和房间，可供出租。他们的长子是教师，一个儿子在走读中学准备大学入学考试，两个女儿都在城里，没有工作。丽贝卡的母亲现在六十多岁，还在索菲亚，住的地方将被夷为平地。她在另一条街上还有一幢房子供出租，那是变卖其他财产后建的一幢房子，能拿到的赔偿，加起来可以偿还房屋建筑协会一千二百英镑的欠款。

泽弗·莫托彭在约翰内斯堡一家律师事务所实习，预计短期内将结束。伊萨克·马特莱尔完成了学业，现在成了律师。泽弗的第二个孩子在我们被解雇后失明了，目前在开普敦附近的阿斯隆盲人学校，这学校是阿瑟和他妻子于二十世纪二十年代创立的。对泽弗和他妻子来说，日子一直很艰难。他妻子是老师，丽贝卡不教书转而攻读社会工作专业时，她也因为同样的原因这么做了。除了三个成年的孩子，他们还有一个儿子在读中学。泽弗属于非国大的一个小分支，被称为泛非主义者，他们认为非洲人应该停止与其他种族的联盟。他们的理由是少数群体没有真正感受到白人对黑人的压迫，与这些团体的结盟会模糊非洲民族主义及"非洲为非洲人"的口号。他们声称非洲人完全有能力赢得自由，不需要其他种族的干扰；《自由宪章》太疯狂，想要平分所有南非人的土地。"我怎么可能和斯特里基多姆及其手下分享这些土地？"泽弗说，"他的祖先和同胞从我们手里偷走了这些土地。"

伊萨克是南非统一运动的成员。他个子不高，但才华横溢；他愤世嫉俗，用锋利的口舌刺痛他的政敌，其中包括印度国大党党员。如果他的眉头皱起来，就意味着要喷射毒液了。他妻子是护士。

想起在艾泽恩泽乐尼的那些年，我想起了盲人亚当·丹尼尔斯，他是有色人种孤儿，过去我曾教他打字。现在他不怎么吹萨克斯，而是完全投入政治中。他是德兰士瓦有色人种组织的主席，是非国大的盟友。

阿瑟和妻子弗洛伦斯早就离开艾泽恩泽乐尼了。阿瑟现在是南非基督教理事的秘书。想起他们，就会想起艾泽恩泽乐尼。阿瑟走路时肩膀下垂，他在第一次世界大战中丢了一个肺。他经常准备行李，乘坐长途火车、汽车或飞机参加会议，或者为了盲人的福利事务或非洲聋哑人学校的事务去见一些政府官员。他妻子经过艾泽恩泽乐尼的一间间办公室，迈着大步前往帕尔默旅馆、眼科医院和诊所，她是那些地方的负责人。她每天耐心教导失明的聋哑人雷德克里夫表达自我；他们的养子因为脊髓脑膜炎只能爬着走，他们训练他直立行走，我经常想起这些画面。

阿瑟对不如他聪明的人会表现得急躁、不耐烦，我不喜欢他这样。但我钦佩他想要真正了解社会、政治、生态经济及其他困扰非欧洲人问题的决心。他总是探究年轻人的思想，坚持倾听他人的痛苦，寻求帮助他人的方法。他经常参加政治会议和贸易会，虚心学习，但永远不会屈尊俯就或强迫自己。现在我的宗教观变了，我认为他就是一个谜。我一直在想一个人如何能做到像他一样，没有正统的教派忠诚和传教士的世界观，却还能坚守基督教和平主义的信念，尽管他不喜欢的压迫势力已经置所有的道德教条于不顾。在很多政治、宗教问题上我们意见不一，但在我心中他始终是不像传教士的传教士。

二十年前，我在圣彼得中学因为辱骂骑车的白人遭到校长的鞭刑。他说我们这样做是不明智的，会让罗塞滕维尔铲除圣彼得中学。一九五六年，圣彼得中学因政府的法令被迫关闭。讽刺的是，这不是因为一个黑人男孩侮辱了一个白人男子，虽然罗塞滕维尔的白人与这个学校的关闭也脱不了干系，因为政府代表的就是他们的利益。圣彼得中学之所以被关闭是因为胆敢在"白人保留地"为非白人提供体面的教育——看看这措辞的字面意义和比喻意义吧！

圣彼得中学成果丰硕，许多在黑板上用粉笔做题的英雄儿女成就斐然。他们中有律师、医生、大学教师、护士、中小学教师和社会工作者，其中有一些是政治领导人。无名英雄包括：约瑟夫·莫库纳，理学硕士，目前在加纳的库马西教数学；安布罗斯·法赫莱，理学硕士，在福特海尔大学教物理；玛格丽特·臣安，兰德的医生；丁库·塔瓦里，兰德的医生；阿伦·莱博娜，现在是自由邦的医疗工作者；塞缪尔·塞诺凯恩扬，约翰内斯堡的医生；奥利弗·坦博，理学学士，现在是约翰内斯堡和非国大的律师。下列人士为了人民的政治斗争而入狱，并被判叛国罪：乔·马修斯，律师；亨利·马克戈蒂，教师；艾尔弗雷德·哈奇森，教师兼作家；乔·莫莱菲，商人，南非政治家杜马·诺克威的支持者。所有这些人从圣彼得中学毕业时都拿到了大学入学通知书。他们到处要奖学金，想到福特海尔大学就读。一些人很幸运，找到了大方的欧洲赞助商。一些人不管是否愿意，都被扔进了南非劳动力市场，你可以想象那大门上写着"仅招通信员"的字样。一旦成了通信员，就一直是通信员；如果不做通信员，就只能当老师，别无他法。法庭口译员、警官和机械师，都被称为

"通信员"。一些女生离开圣阿格尼斯后去了医学院，其中绝大多数人学护理和读师范。

一九五五年，阿达姆斯学院的百年校庆就是她的天鹅之歌。校庆时《班图教育法》将阿达姆斯送上了断头台，因为土著事务部征用了非洲的所有学校，任何个人或团体不得办私立学校。阿达姆斯学院董事会本来打算这么做，但条件不容许，学院被迫关闭。凯尔纳顿机构被勒令搬离，因为《集团住区法》规定这里是白人区。

非洲艺术家联合会因为资金短缺，现在也已倒闭。政府一直告诉我们，如果想要他们的资助，我们的表演就只能对黑人开放，我们必须停止针对多种族观众的表演。我们坚持了九年，每一步走来都乐在其中——那些令人愉快的夜晚，与音乐和戏剧亲近的夜晚。在巴赫和莫扎特之夜，我们邀请了英国国教会复活社的马丁·贾勒特-克尔神父演奏单簧管，他还和特里劳尼·罗斯神父一起弹奏钢琴。他们都来自罗塞滕维尔的圣彼得修道院。另外，他们还与男高音哈比·姆戈玛表演三重奏。马丁牧师个子虽小，却具有极高的智慧和顽强的生命力。他主要跟非洲护士打交道，全身心投入职业护士反种族隔离的斗争中。大家都认为他穿上了特雷弗·赫德尔斯顿神父的斗篷，为非欧洲人的政治而战。巴拉瓜纳特非欧裔医院将他踢出了董事会，因为他们认为马丁牧师维护的是护士的权利，让人生厌。同时，他也是著名文学评论家和音乐家。

　　哈比·姆戈玛拥有南非大学音乐理论与实践专业的文凭，但未能获得海外培训的机会。唉，这一挫折让他进入了无名歌手的团体，只能在我们的生日聚会上"露一手"。他是市议会非欧裔机构聘请的音乐组织者。

　　帷幕落下来之前，我们在市社交中心举行的迪伦·托马斯演奏会上看到埃姆林·威廉斯，他给我们带来了大惊喜。西尔维斯特邀请到了当时正在南非的刘易斯·卡森爵士和西比尔·桑代克女爵参加我们的演出。我们举办了一场面对多种族观众的表演，非常成功，剧目是《麦克白》。欣赏这两位的绝妙演出，是非常感人的经历。暗淡的舞台在一瞬间消失，所有观众意识到精彩的时刻来临，演员和诗不再是独立的个体，而是一次绝对的辉煌旅程。谢幕时，我朗诵了契诃夫的独白《论烟草的危害》。热情的掌声让我受宠若惊，刘易斯爵士和西比尔女爵还向我致以特别的祝贺。

终　章

　　我总是无法鼓起足够的勇气，重读一遍一九四七年出版的故事集《人必须活下去》。十年来，我的写作观有了很大改变，从逃避现实转为反抗现实，目前从更高层次上说，我希望是徘徊在抗议与接受之间。自一九四七年以来，我小有收获：一九五五年纽约的散文诗歌选集《新世界写作》发表了我的故事《手提箱》，纳丁·戈迪默还向出版商推荐了它，当时他已是著名小说家和短篇故事家。后来这故事还被译成荷兰语，刊登在一部黑人故事选集中。本质上这是一个真实的故事，发生在索菲亚，是丽贝卡告诉我的一个故事。

　　流行于白人读者群的南非主流期刊不会刊登我的任何作品，也不会刊登其他非白人的作品，除非我试着像欧洲人那样写作或取一个欧洲人的名字。两三个有色人种作家曾告诉我，他们成功逃脱读者的审查，借助欧洲不入流的杂志声名鹊起。我忙着与自己的痛苦作战，一直没用这种方式出卖自己。但我的一些文章的确刊登在白人媒体的读者专栏中。当然，不是某种特定的报刊。非白人写的文章很少会刊登在白人的媒体上。作品的每一次发表，于我都是一种赞助。但那时我之所以写一些东西，是因为内心被灼烧的痛苦让我无法承受，又或者是为了纠正一些愚蠢又过于热情的内阁部长或自鸣得意的郊区白人。如外婆所说，他们假装不知道非洲人的心长在身体的哪一侧。此外，只有开普敦的《火炬报》是独立的报纸，由有色人种运营。之所以说它独立，是因为它不是白人经营的。这份报纸不设读者专栏，只有同情统一运动或全非大会组织的人才会为它撰稿。多种族的编辑委员会只存在于《新时代》中，根本不能满足读者的需求，因为当时南非非白人的识字率高于非洲大陆任何地方，但《新时代》一直处于财务困境中。

　　一九五七年九月抵达尼日利亚后，我就融入学校工作中了，还写完了本书的第二部分。我立刻觉察到这里的社会气氛和南非截然不同。在某种程度上，我觉得自己就像刚从颠簸了无数英里的车上爬下来。我可以写一篇尼日利亚过渡时期的文章，但我还没静下心来写点小故事。我四处探寻，想要找到指引我的某种独特气息，但一直都没找到。我现在意识到，南非局势作为一种文学素材，不过是让人受不了的陈词滥调。

真羡慕白人的成就及他们建造高楼大厦和制造强大机械的头脑。我曾经想向白人证明自己和我的同类，后来我才发现这么做根本不值得。我需要做的是向自己和我的同类证明我自己。我觉得白人现在无权告诉我作为社会生物，应该如何安排自己的生活。他可以教我缝制衬衫，教我读写，但我和我的祖先也可以教他一些事情，只要他愿意听，也愿意留出时间去感受。非洲不再是他们只需指手画脚、控制我们的人力物力，却不用向我们学习的地方。

我无数次梦见彼得斯堡的大峡谷和崎岖的山脉。在梦里，我又回到了那里。每次我都梦见自己被困在大山里，听到无休止的追逐声，他们追啊追，我跑啊跑，却跑进了黎明的警笛声和汽车的报警声中，跑进自行车的铃声和手推车中的……早餐。

我佩服他，他与音乐中的巴赫一样明确表明自己的宗教信仰。但罗伯特·布朗宁对上帝的笃定，虚张声势又咄咄逼人，令我颇不耐烦。这提醒了我，迄今为止冥冥中我的生活似乎有某种必然。是的，和我的同胞一样，我想过、计划过、窒息过，恨过也腻味过。但我总被扔回到现实中，不能决定走哪条路。然后一阵大浪突至，把我送回命中注定的岸边，接着我就知道我必须做正确的事。我感受过挫折的灼热，但我并不为我的仇恨感到难过。我现在还是不会感到难过，因为我已经从中解脱。还有另一个人将我隔离在第二大街内。他教会我永远不要期待别人的怜悯，但谁想要别人的怜悯？永远不要穿过厨房门乞求别人的恩赐，而要趁他没注意时去夺取我痴迷的东西。他已把我逼到墙角，我永远不会忘记自己是黑人。他教会我对他撒谎还沾沾自喜。他让我养成习惯，买完东西后从后门进出，他的黑人伙计会偷他店里的东西，这样连成本都不用。这样的我还有很多很多。我们几乎熟知他的一切，他对我们却一无所知，所以我们还是会赢。

这挥之不去的旋律，比第一次听到时更让我感动，它是过去所受的侮辱带来的痛苦，挥之不去，比侮辱本身更让我耿耿于怀，深感受伤。告诉你这段音乐、那出戏剧或这部电影让我多感动，这样做实在太傻。我等着自己慢慢回忆。

我这辈子，人民扎根于我的灵魂，拽着它往不同的方向前行。我对无情的控制、热情的福音宣讲、无情的警察的戒备感到恼火。太多的手朝我伸来，这么多声音一直在我耳边唠叨，就像火车的车轮声一样愚蠢，我一定会大叫"别烦我"。你可能会说这是彻头彻尾的无政府主义、彻头彻尾的个人主义。我喜欢这样，至少我的精神生活就是如此。尼日利亚的太阳会烧毁我三十七年来的偏见、痛苦和仇恨，让它们像基库尤草一样从未进入我的生命。所有这些可能一点不剩，但我对贫穷、对不公正、对合法的以大欺小，总是感到愤怒。

写这个结语时，我正坐在拉各斯的大花园里。现在是一月初，比我刚来时更为干燥。决定动手之前，我播放维瓦尔第的《四季》

唱片。音乐从客厅飘来，我想起了一个美丽的冬晨，我们相聚在约翰内斯堡帕克敦纳丁·戈迪默的大花园里。我、纳丁还有从伦敦收集素材回来的安东尼，也以同样的方式听着维瓦尔第的音乐。纳丁说："我觉得维瓦尔第最好。"是的，我们欣赏着贝多芬的咆哮、莫扎特的甜蜜悲伤和微妙的幽默、舒伯特的甜蜜抒情、肖邦的忧郁怀旧，再到后来柴可夫斯基的喜怒无常、巴赫压倒性的宏大场面、日姆斯基·科尔萨科夫的魅力，再回到维瓦尔第的音乐，这是令人耳目一新的经历。

是的，沐浴在尼日利亚的热浪中，我的内心却感到一阵清凉。和水泥墙上的蜥蜴一样，我舒展身体。带着对一个国家的偏见和愤怒，我来到这里，现在那里对我来说却变成了一个几乎完全陌生的国度。呼吸着自由的新鲜空气，我的胆量剧增。很快我将知道如何利用这一自由。此刻我仍然迷惑着，我的独木舟依然是第二大街起航时的动力，但这种释放感太棒了！

在这里我是多么自得啊！我经常认为这种自得的情绪太多了。我教的中学男生和南非的学生有着天壤之别。在南非，我和我的学生都被卷入可怕的形势中，我们得随身携带通行证，一出校门随时会被警察拦下搜身或被逮捕。我们渴望很多，得到却很少，这又加深了我们的渴望。对他们身上的疼痛和躁动我都能一一回应，我觉得他们对我也是如此。在这里，气氛是平静的，从某种意义上说这里是真空。但是，噢，这是何等意义上的放松啊！让我和丽贝卡有机会补给道德上和精神上的储备。孩子们也很开心，他们能够学到一些有价值的东西，这些东西适用于所有人，而不是仅仅适用于奴隶。

教会作为南非的一种普遍性力量，其影响力自一九一〇年的南非联盟建立以来一直在削弱。过去它强调个人品质的价值，现在依然执拗于这一过时的标准。现在的局势和过去已经不一样了：如今占统治地位的强大民族经历了三个世纪的统治后，为了维护自己的利益无所不为。

在南非，黑人作为种族受到压迫，教会为个人寻求保障和特权，却逃避对集体行动所负的责任，忽视其必要性。它只关注耶稣受难，对政治现实却抱以冷漠的态度，其实这条路早已行不通。它好像从没注意到，就在它眼皮底下，精于算计的白人的野蛮主义正日渐扩张，并被视为基督教的世袭监护人和传教站的监护人。我不得不重申一九五五年我在英国广播公司（BBC）谈及非洲知识分子时所说的话：对我们而言，教会已成为西方国家不诚实行为的象征。就有组织的宗教是否有用或有必要而言，我暂不决定是否信仰宗教。就我所知，在南非它没什么用。一九四七年以来我再没上过教堂，并越来越厌倦跟南非宗教有关的神秘形式主义陷阱。就目前而言，我依然如此。我不再受这种忠诚的束缚，而是让自己的生活方式获得尽可能多的影响。很高兴，我终于可以行使这一权利了！

浙江师范大学外国语学院
"非洲人文经典译丛"

　　百年来，非洲的文化思想飞速革新，知识分子既尽力重现往日历史传统的光辉，又在全球化的碰撞下迸发出新的思想火花，在文化领域留下了不可磨灭的思想印记。非洲大陆为世界贡献了许多杰出的文学家、思想家、政治家等。在中非合作越来越紧密的今天，人文领域的相互理解也变得越来越迫切，需要双方学者进行全方位、深层次、多角度的系统研究。

　　浙江师范大学外国语学院拥有国内高校首个非洲文学研究中心。中心旨在搭建学术平台，深入战略合作，积极服务于中非文化的繁荣与传播，为推进中非学术和文化交流做出新贡献。

　　国内首套大型"非洲人文经典译丛"以"20世纪非洲百部经典"名单为基础，分批次组织非洲文学作品及非洲学者在政治学、社会学、哲学、人类学等领域的重要专著的汉译工作，在此过程中形成一个高效实干的学术团队，培养非洲人文社科领域的译介与研究人才，构建具有中国特色的非洲文学研究学术话语体系。

浙江师范大学非洲研究院
"非洲研究文库"

 非洲大陆地域辽阔，国家众多，文化独特。近年来，中国与非洲国家的交往合作迅速扩大，中非关系的战略地位日益重要。目前，中非关系已超出双边关系的范畴而对世界产生多方面的影响，成为撬动中国与外部世界关系的一个支点。

 浙江师范大学非洲研究院是国内高校首家成立的综合性非洲研究院，创建的目标在于建构一个开放的学术平台，聚集海内外学者及有志于非洲研究院的后起之秀，开展长期而系统的研究工作，以学术服务于国家与社会。

 "非洲研究文库"是浙江师范大学非洲研究院长期开展的一项基础性、公益性工作，秉承非洲研究院"非洲情怀，中国特色，全球视野"之治学理念，并遵循"学科建设与社会需求并重，学术追求与现实应用兼顾"之编纂原则，由国内外知名学者、相关人士组成编纂委员会，遴选非洲研究领域的重大重点课题，以国别和专题之形式，集为若干系列丛书逐步编撰出版，形成既有学科覆盖面与知识系统性，同时又重点突出各具特色的非洲研究基础成果，为中国非洲研究事业之进步，做添砖加瓦、铺路架桥之工作。